Nikola Hollmann & Andrea Slavik

Märchenhaft wandern

Unterwegs zu sagenhaften Orten im Bergischen Land

aktiv
KLARTEXT

Bildnachweis

Adobe Stock: S. 4/5: hespasoft, S. 8/9 travelpeter.
Alle übrigen Bilder stammen von den Autorinnen.

Bibliografische Information der Deutschen Nationalbibliothek
Die Deutsche Nationalbibliothek verzeichnet diese Publikation in der Deutschen Nationalbibliografie; detaillierte bibliografische Daten sind im Internet über portal.dnb.de abrufbar.

Impressum

1. Auflage September 2022
Satz und Gestaltung: Birgit Lonsdorfer
Lektorat: Kerstin Goldbach
Druck und Bindung:
AALEXX Druck Produktion, Thönser Str. 5a, 30938 Burgwedel
Umschlaggestaltung: Guido Klütsch
Umschlagabbildung: Imago Images/Rupert Oberhäuser
Autorinnenfotos hintere Umschlagklappe: Andi Werner, Birgit Pichler
Karten: Leon Thomes/© OpenStreetMap-Mitwirkende

ISBN 978-3-8375-2479-6

KLARTEXT

Jakob Funke Medien Beteiligungs GmbH & Co. KG
Jakob-Funke-Platz 1, 45127 Essen
info.klartext@funkemedien.de
www.klartext-verlag.de

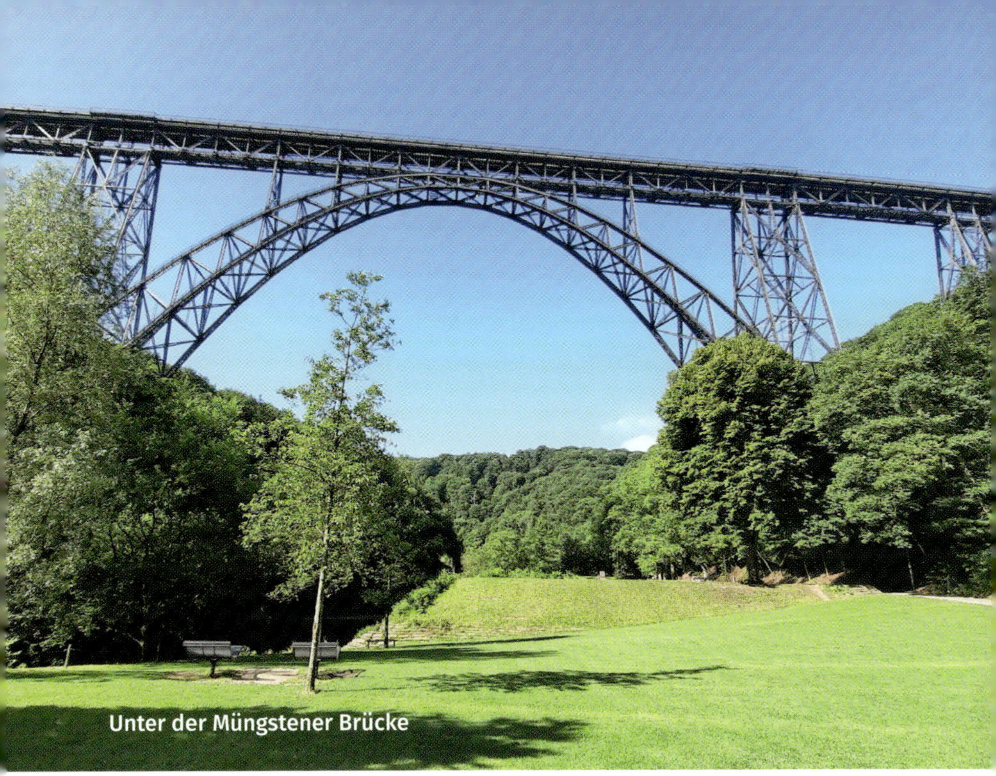
Unter der Müngstener Brücke

Legende

Startpunkt	Zwischenziel	Zielpunkt
Haltestelle	Parkplatz	Gastronomie
Aussichtspunkt	Sehenswürdigkeit	Kunstobjekt
Freizeitspaß	Familienfreundlich	Fähre
Kulturstätte	Höhenmeter im Auf- und Abstieg	Übernachtung

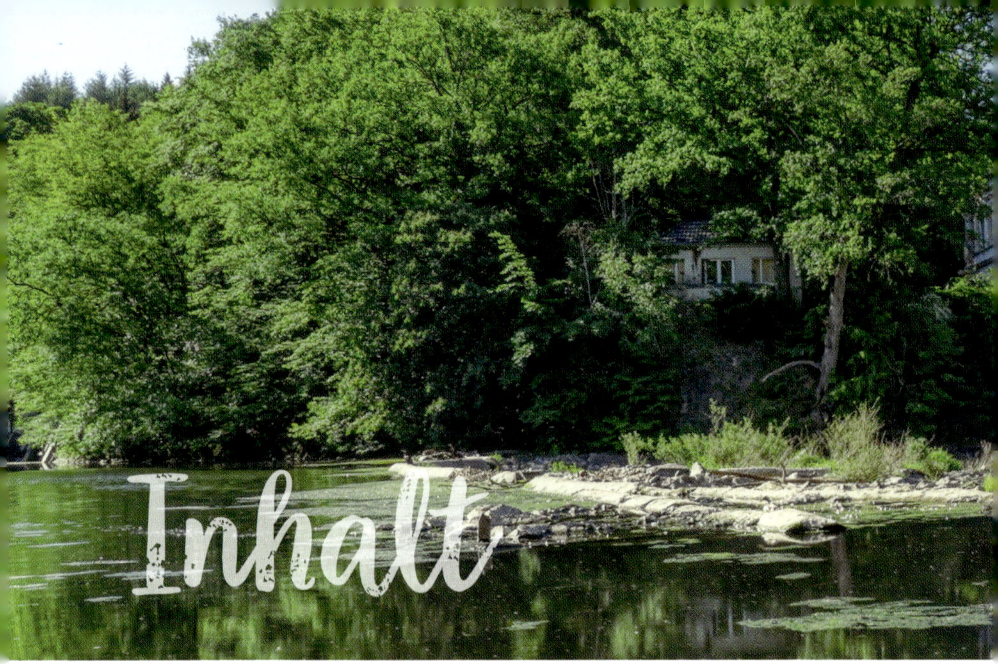

Inhalt

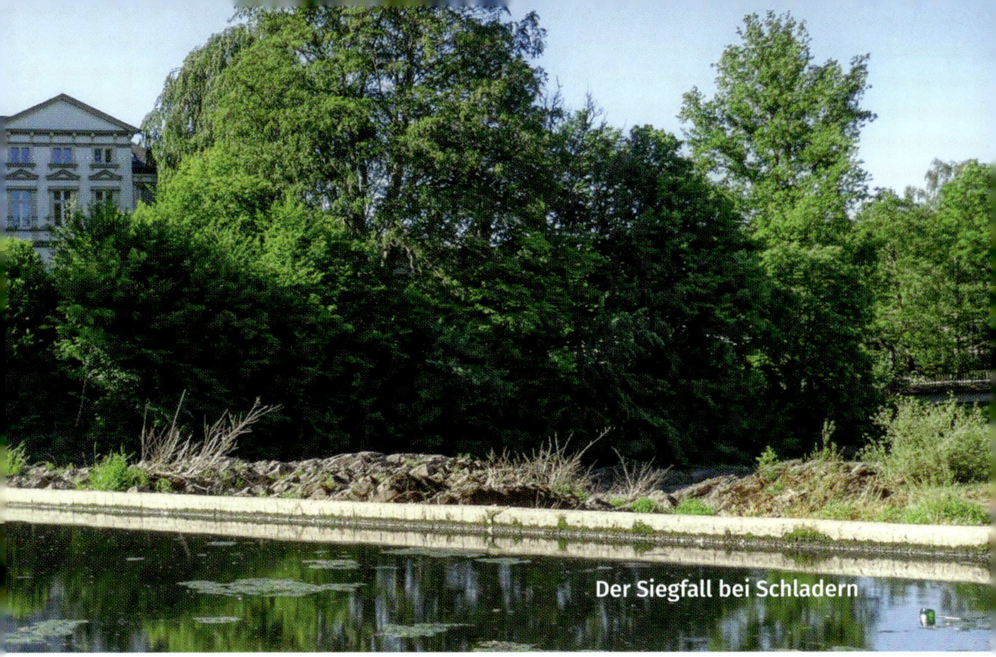
Der Siegfall bei Schladern

Die Touren

Tour 1 Von Gruiten nach Vohwinkel

Tour 2 Von Solingen-Gräfrath zum Wuppertaler Burgholz

Tour 3 Von Müngsten zum Schloss Burg

Tour 4 Bachtäler bei Leichlingen

Tour 5 Vom Altenberger Dom durchs Eifgenbachtal

Tour 6 Von Bensberg über Schloss Lerbach zur Grube Cox

Tour 7 Das Seligenthal und die Wahnbachtalsperre

Tour 8 Rundwanderung im bergisch-märkischen Grenzbereich um Beyenburg

Tour 9 Rundwanderung bei Hückeswagen

Tour 10 Von Schloss Gimborn zur Ruine der Burg Neuenberg

Tour 11 Rund um Schloss Homburg

Tour 12 An der Sieg zur Burg Windeck

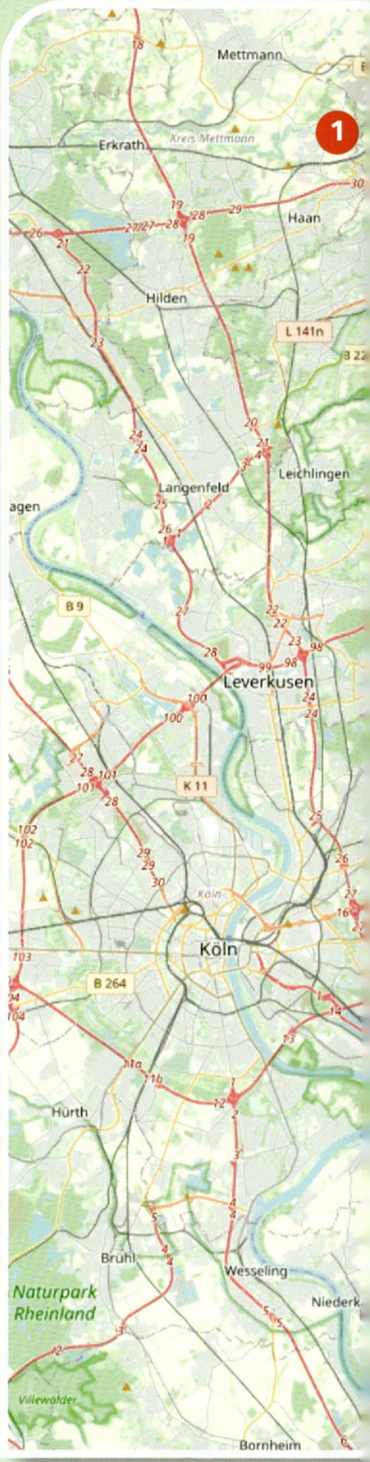

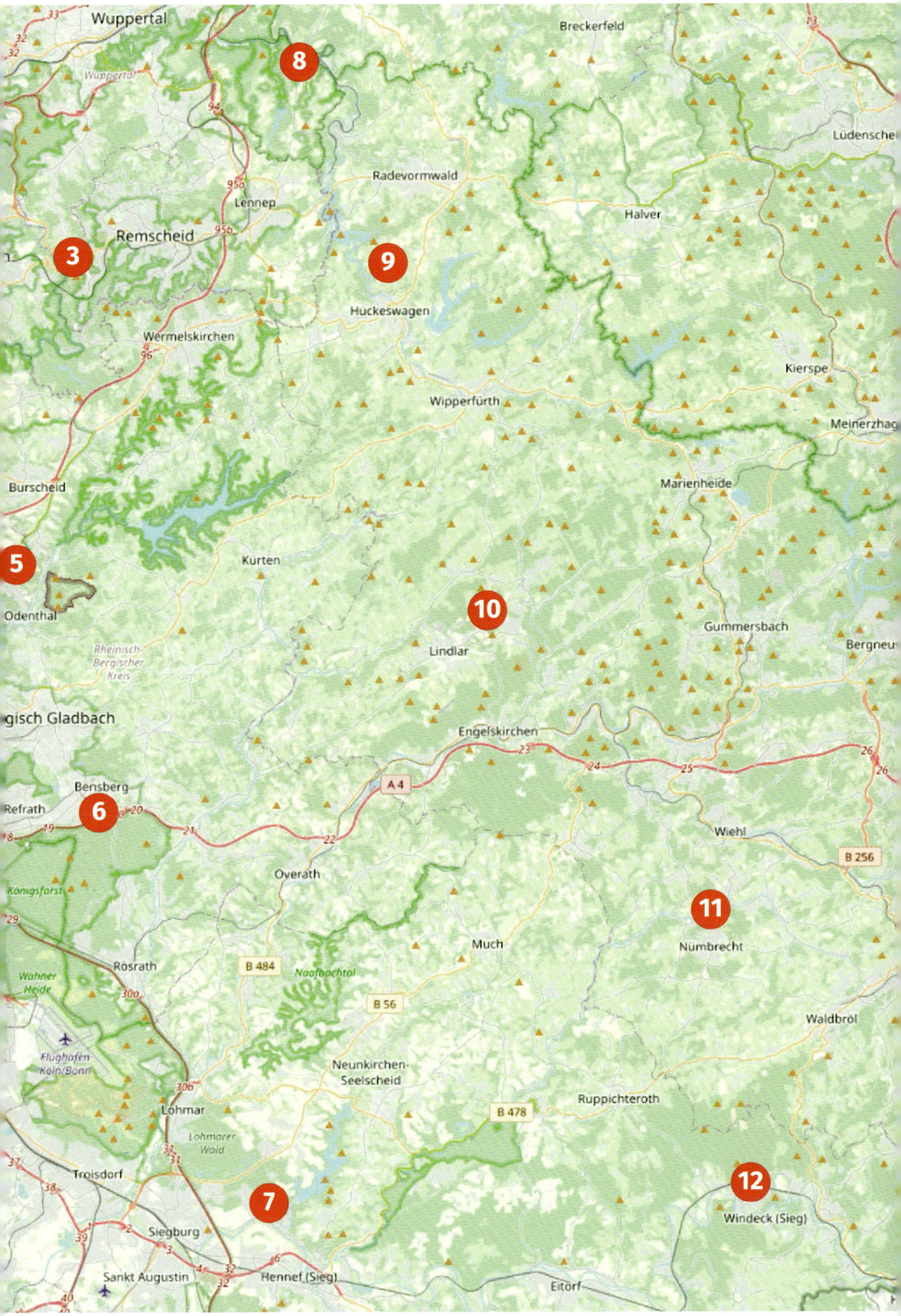
Wuppertal
Breckerfeld
Lüdenscheid
Radevormwald
Halver
Lennep
Remscheid
Hückeswagen
Wermelskirchen
Kierspe
Wipperfürth
Meinerzhagen
Burscheid
Marienheide
Kürten
Odenthal
Gummersbach
Lindlar
Bergneustadt
Rheinisch-Bergischer Kreis
Bergisch Gladbach
Engelskirchen
A 4
Bensberg
Refrath
Wiehl
B 256
Overath
Königsforst
Nümbrecht
Much
Rösrath
B 484
Naafbachtal
Wahner Heide
B 56
Waldbröl
Flughafen Köln/Bonn
Neunkirchen-Seelscheid
Ruppichteroth
B 478
Lohmar
Lohmarer Wald
Troisdorf
Windeck (Sieg)
Siegburg
Sankt Augustin
Hennef (Sieg)
Eitorf
3
5
6
7
8
9
10
11
12

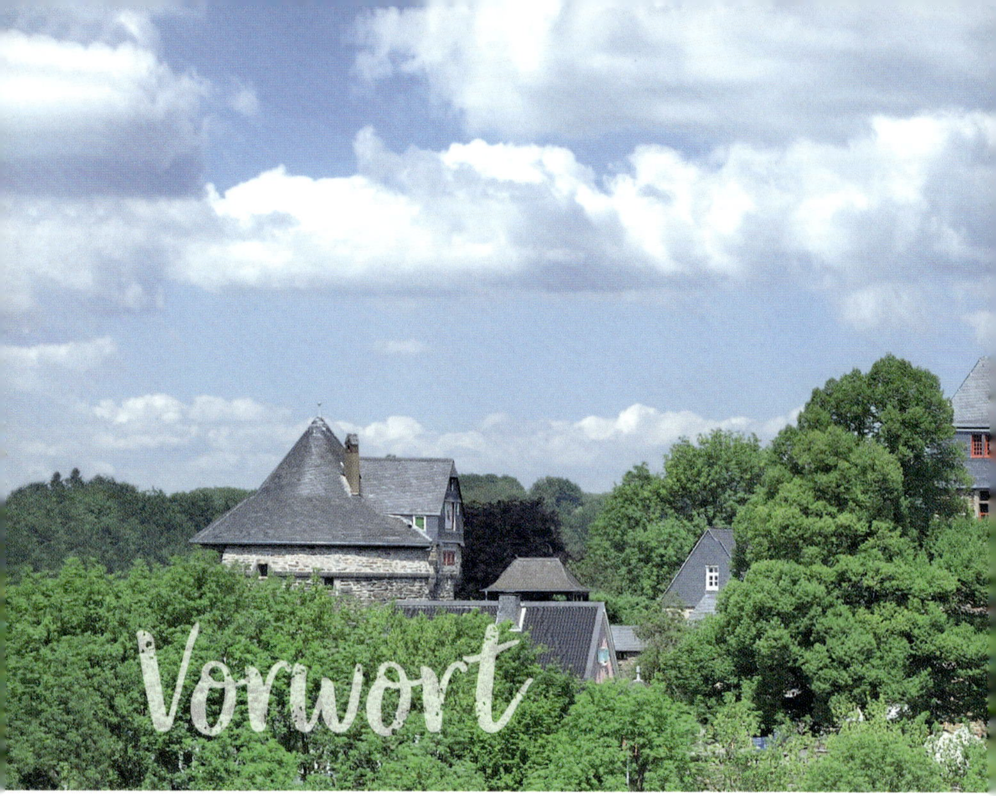

Märchenhaft wandern im Bergischen Land

Sind Sie des Bergischen mächtig? Wissen Sie, wie hoch die Müngstener Brücke ist und wer Jan Wellem war? Sind Sie schon einmal über die Wupper gegangen und mit der Schwebebahn gefahren? Das Bergische Land mit seinen alten Bräuchen hat seinen Namen von den Grafen von Berg und bezeichnet immer noch deren historisches Herrschaftsgebiet: von Düsseldorf bis Siegburg, von Ruhr und Wupper im Norden bis an die Sieg im Süden, vom Rhein im Westen bis an die Grenze des Märkischen Sauerlandes im Osten.

So verschieden die geografischen und wirtschaftlichen Gegebenheiten zwischen den städtischen Regionen in der Nähe des Rheins und den ländlichen im Osten sind, so zahlreich sind auch die Legenden und Erzählungen. Viele davon drehen sich um die Grafen und späteren Herzöge von Berg und ihre Familie. Egal ob in Altenberg, in Burg,

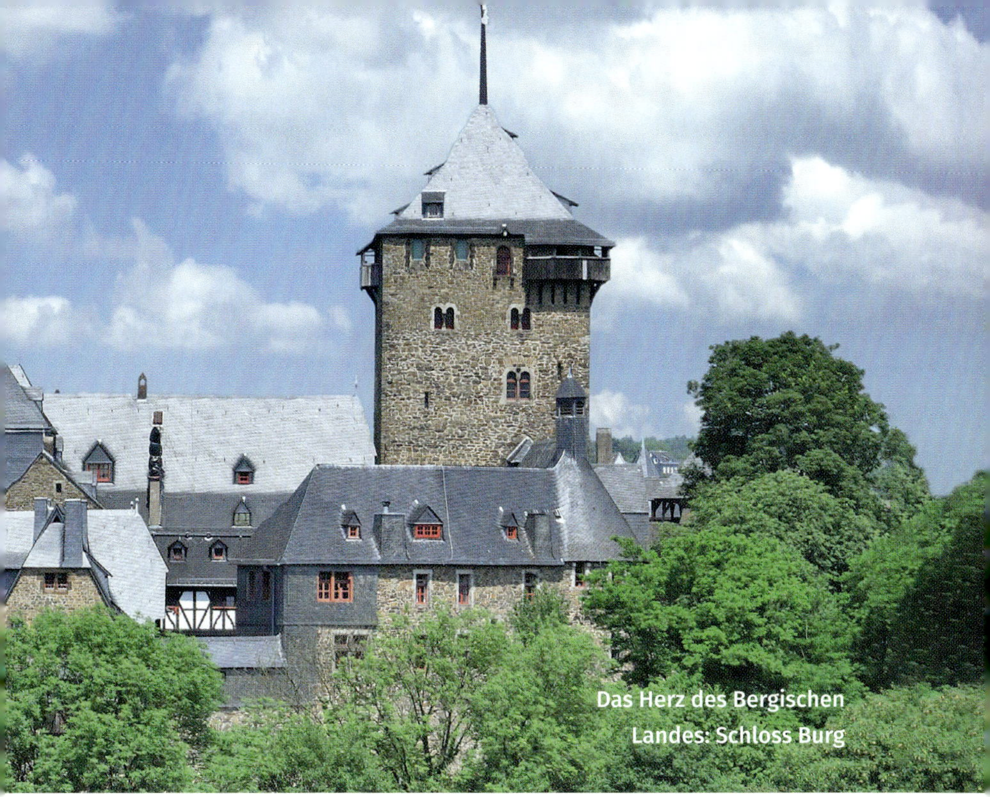

Das Herz des Bergischen Landes: Schloss Burg

Bensberg, Gimborn oder Windeck: Sie haben ihre Spuren hinterlassen, die bis heute sehenswerte Ausflugziele sind.
Dieses Buch führt zu einigen von diesen Orten und auf stillen und immer landschaftlich schönen Wanderungen um diese herum. Neben kurzen Erklärungen zu den Sehenswürdigkeiten am Weg bietet Ihnen dieses Buch noch etwas Besonderes, nämlich märchenhafte Geschichten. Die meisten haben ihren Ursprung in historisch belegten Ereignissen, Legenden oder Sagen – manche jedoch sind einfach unserer Fantasie entsprungen.
Lassen Sie sich von uns entführen in eine andere Zeit – auf märchenhaften Wegen durch das Bergische Land.
Es war einmal ...

Andrea Slavik und Nikola Hollmann

Einmal im Leben schweben

Von Gruiten nach Vohwinkel

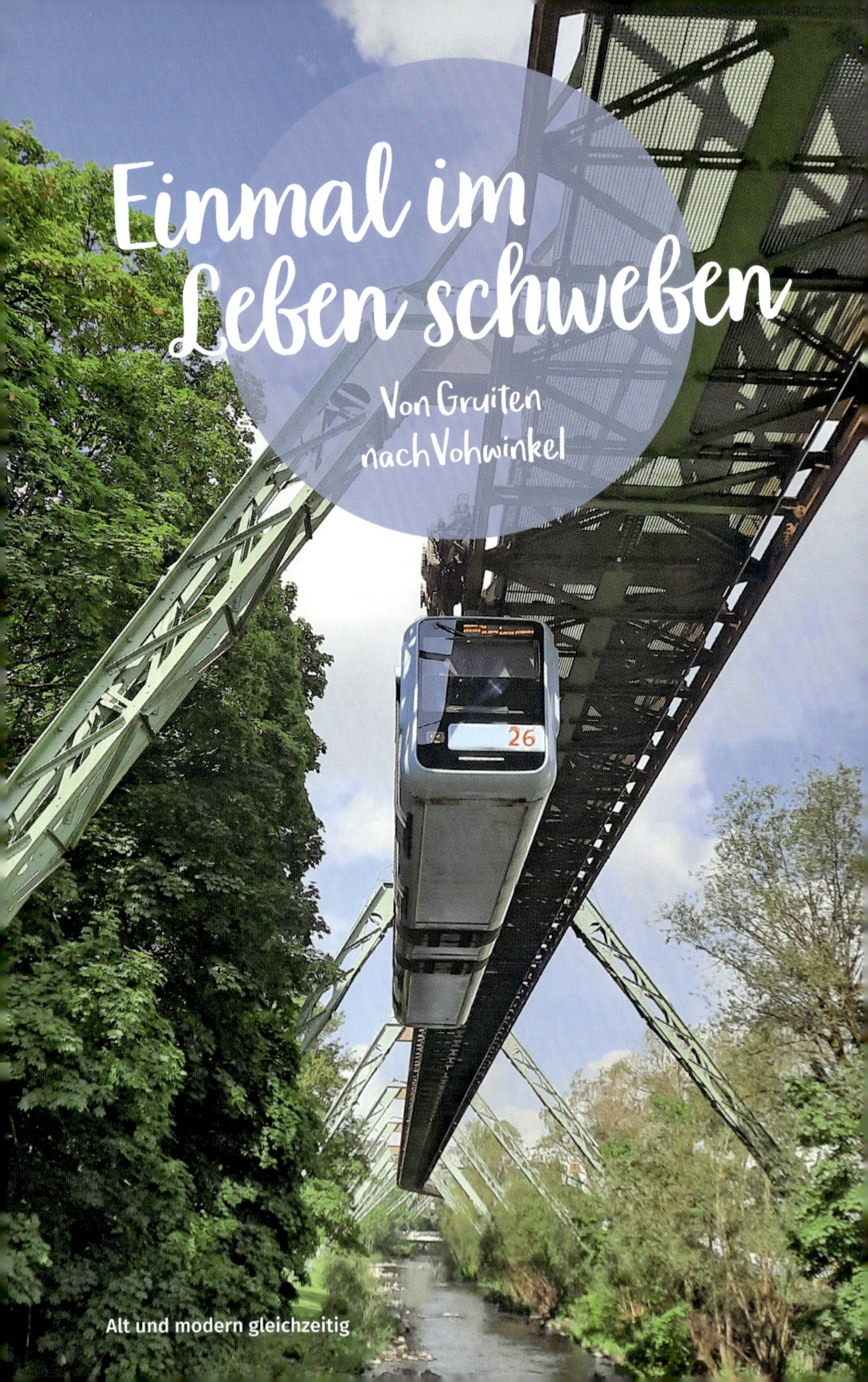

Alt und modern gleichzeitig

Ohne jeden Zweifel gehört die Schwebebahn in Wuppertal zu den einzigartigen Attraktionen des Bergischen Landes. Das gleichermaßen zukunftsfähige wie historische Verkehrsmittel ist Ziel dieser Streckenwanderung. Wir nähern uns der Stadt durch die Natur von Westen: Im Tal der Düssel genießen wir die Wege am Fluss, das sehenswerte Dorf Gruiten und zwei alte Burgen, eine davon die außergewöhnliche Bauernburg „Haus Am Quall". Nur die allerletzten Meter sind wirklich städtisch, also ist die Route auch gut für Familien geeignet. Und dann gilt es, den alten und immer noch verwendeten Werbespruch umzusetzen: Einmal im Leben durch Wuppertal schweben!

Tour 1

2:45 Std. | 10,2 km | ↑ 86 m | ↓ 64 m

Start: Bahnhof Haan-Gruiten, Thunbuschstraße 20, 42781 Haan-Gruiten
Ziel: Bahnhof Wuppertal-Vohwinkel, Bahnstraße 14–16, 42327 Wuppertal-Vohwinkel
Wegbeschaffenheit: überwiegend Naturwege und Wanderpfade
Parkplatz: P+R Haan-Gruiten Bahnhof
Anreise mit ÖPNV: Sowohl Gruiten als auch Vohwinkel sind Bahnhaltepunkte.
Besonderheit: Streckenwanderung, Rückfahrt von Vohwinkel nach Gruiten dauert vier Minuten: Die RB 48 und die S 8 fahren mehrmals in der Stunde, auch an den Wochenenden.

Wegbeschreibung: Am Gruitener Bahnhof orientieren wir uns an den Schildern des Neanderlandsteigs und folgen ihnen mit dem Rücken zum Bahnhof nach links Richtung Millrath. Ein Fußweg führt uns zwischen Parkplatz und Straße und dort, wo er wieder auf die Straße trifft, leitet uns rechts gegenüber der Neanderlandsteig auf einem bequemen, geschotterten Fußweg von ihr weg.

Der Steig führt uns in ein Gewerbegebiet, wo wir uns am Wendehammer links halten und bis zur Querstraße gehen. Gleich rechts befindet sich ein Fußgängerüberweg. Der gepflasterte Fußweg auf der anderen Straßenseite bringt uns nach links zur Sinterstraße, ihr folgen wir nach rechts hinunter ins Tal der Düssel.

Wir überqueren den Fluss und wenden wir uns dann nach rechts. An der nächsten Brücke kommt von links ein gepflasterter Weg, und es lohnt sich hinaufzugehen, um das schöne Ensemble rund um das Doktorhaus zu bewundern. Unsere Route führt allerdings gleich links des Flusses weiter und über die nächste Brücke.

Dahinter links erreichen wir Gruiten mit dem Haus Am Quall und den beiden Kirchen. Vor oder hinter der alten Burg gehen wir links

Am Weg

Gruiten

Die schwarz-weißen Fachwerk- und Schieferhäuser drängen sich in Gruiten-Dorf eng an eng. Die meisten stammen aus dem 17. und 18. Jahrhundert. Neben dem Haus Am Quall – das viel älter ist – gibt es 25 weitere denkmalgeschützte Gebäude. Die evangelische Pfarrkirche mit ihrem eleganten Saalbau aus dem Jahr 1720 und das Heinhauser Schlösschen gehören ebenso dazu wie das Doktorhaus. Aber das Wichtigste: Der kleine Ort und seine historischen Gebäude sind immer noch bewohnt und belebt. Um die 800 Einwohner leben in dem ländlich verschlafenen Gruiten und sie sind so stolz auf ihre historischen Gebäude, dass sie alles tun, um diese zu erhalten. Bestes Beispiel: Haus Am Quall.

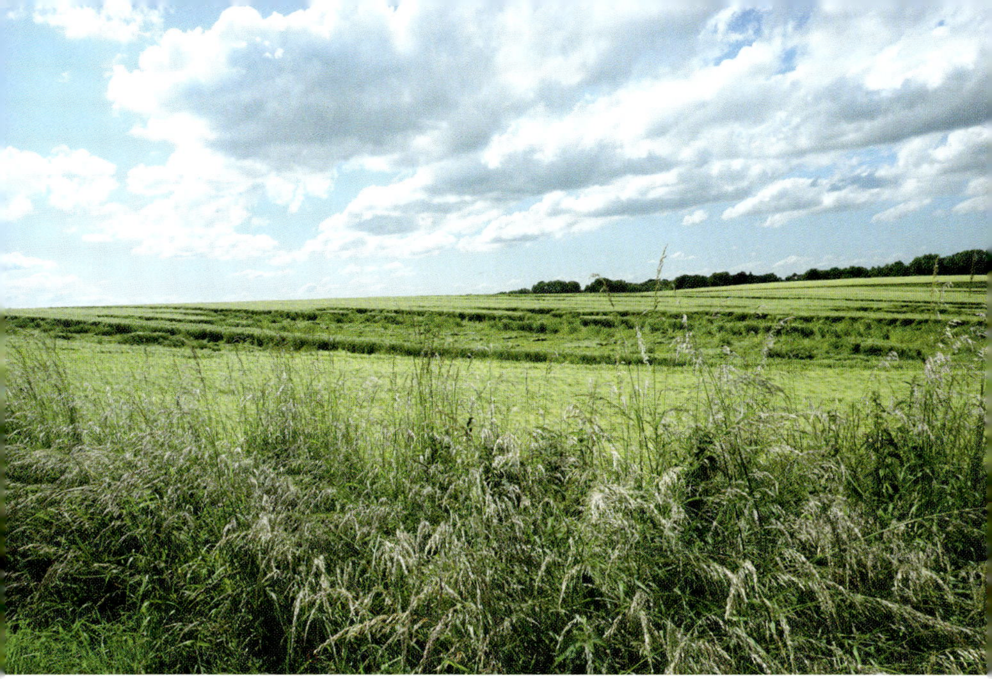

Felder über dem Düsseltal bei Gruiten

zur Straße und dort erneut links. Auf „Am Weinberg“ wenden wir uns nach rechts und gehen über „An der Düssel“ aus dem Dorf hinaus, überqueren die Straße und wandern gegenüber geradeaus über den lang gezogenen Parkplatz.

Hinter der Schranke folgen wir noch eine Weile dem asphaltierten Weg geradeaus, der bald in einen Waldweg übergeht, der weiter nah an der Düssel entlangführt. Bald zweigt nach links ein Pfad zur Straße hinunter ab, auf der wir diesseits des Flusses weitergehen. Hinter den Häusern wenden wir uns an der Gabelung links und an der bald folgenden Drei-Wege-Kreuzung ebenfalls. Die nächste Möglichkeit nutzen wir, um wieder ins Tal hinunterzugehen. Aber immer noch bleiben wir rechts des Flusses.

Vor dem Bauernhof führen mit einem Holzgeländer gesicherte Stufen hinunter und kurz darauf überqueren wir über die Brücke den Fluss. Bei erster Gelegenheit wechseln wir wieder auf die andere Uferseite und gehen nach Schöller hinauf, vorbei an der Mühle und der Burg. Hinter dem Wanderparkplatz überqueren wir die Straße und gehen in die Zufahrt zu Haus Nr. 9. Daran vorbei wandern wir bergauf, bis der Weg nach rechts abknickt. “

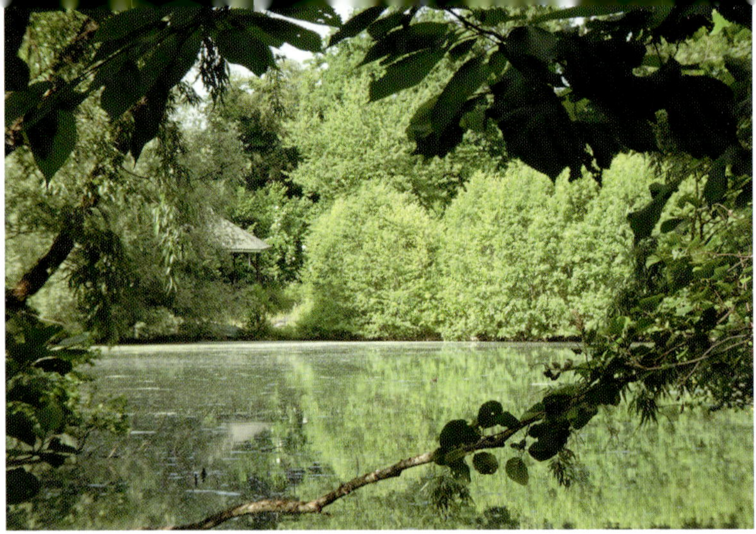

Mühlteich unterhalb von Schöller

Am Weg

Haus Am Quall

Es ist so etwas wie eine Bauernburg, ursprünglich mit einem Fluchtturm aus meterdicken Mauern errichtet und nur mit einem Saalraum ausgestattet. Im Kellergeschoss von Haus Am Quall gibt es Schießscharten, was auf die einstige Wehrhaftigkeit des Hauses hinweist. Der Turm stammt wahrscheinlich aus dem 14. oder 15. Jahrhundert und das angebaute Burghaus wurde Ende des 16. Jahrhunderts errichtet.

Dass wir auf unserer Wanderung dieses Kleinod besuchen können, haben wir der engagierten Dorfgemeinschaft zu verdanken. Nach vielen Stunden des ehrenamtlichen Renovierens und Werkens zeigt sich das historische Gebäude heute als Ort der Begegnung für Gruiten und seine Gäste.

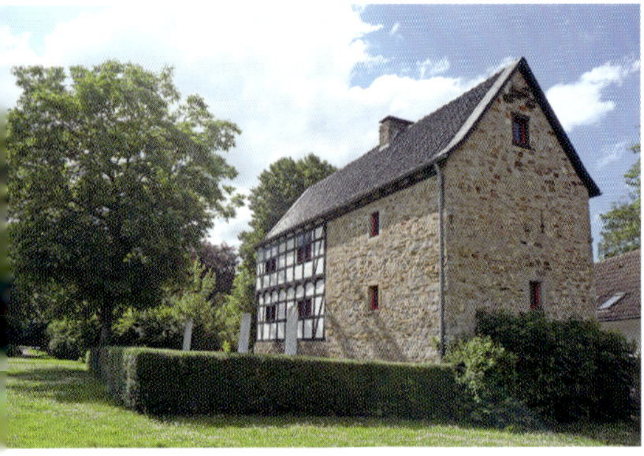

Besichtigungen sind an jedem ersten und dritten Samstag eines Monats zwischen 11 und 12 Uhr möglich.

Informationen unter:

www.hausamquall.de

Am Weg

Rittergut Schöller

Heute sehen wir nur noch den Bergfried und Reste der Burgmauer – mehr ist nicht erhalten geblieben von den historischen Mauern des ehemaligen Herrensitzes Schoeler. Er wurde 1182 erstmals urkundlich erwähnt und ging im 13. Jahrhundert an die Grafen von Berg über. Diese wiederum verpfändeten den Ansitz an die Herren von Schöller, in deren Besitz es bis 1708 blieb. Durch Heirat gelangte das Anwesen dann an die Grafen von Schaesberg, die es bis heute besitzen. Im 18. Jahrhundert wurde es bis auf den Bergfried neu aufgebaut.

Auffällig hängt eine Art Käfig an einem der Fenster im Turm. Und da er zu hoch ist, als dass er als Schutz nach außen dienen könnte, hält sich die Legende, dass hier einst ein Räuber gefangen und zur Schau gestellt worden sei. Einer, der den Reichen genommen und den Armen gegeben haben soll, eine Art Robin Hood in Schöller.

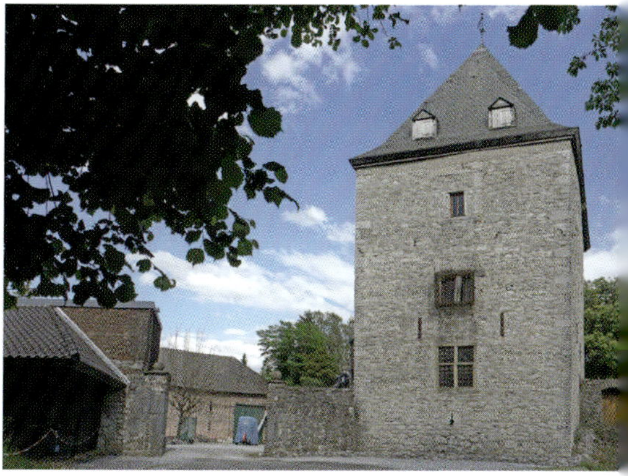

Vor der Straße führt der Fußweg nach links weiter, und auch auf der Höhe hinter der Rechtskurve begleitet ein schmaler Fußpfad die kleine Straße und führt uns zum Wanderparkplatz Hermgesberg auf der linken Seite. Dort wenden wir uns ganz kurz nach links, um dann gegenüber der Schutzhütte gleich rechts parallel zur Straße weiterzuwandern.

In der Senke folgen wir dem Neanderlandsteig nach links. Zwischen Feld und Wald hindurch gelangen wir zu einer Straße, und hinter der Bushaltestelle „Neu-Amerika" biegen wir nach rechts ab.

Im Wald wenden wir uns an der Drei-Wege-Kreuzung nach links und nehmen den Reitweg, der gleich danach links abzweigt. Wir bleiben

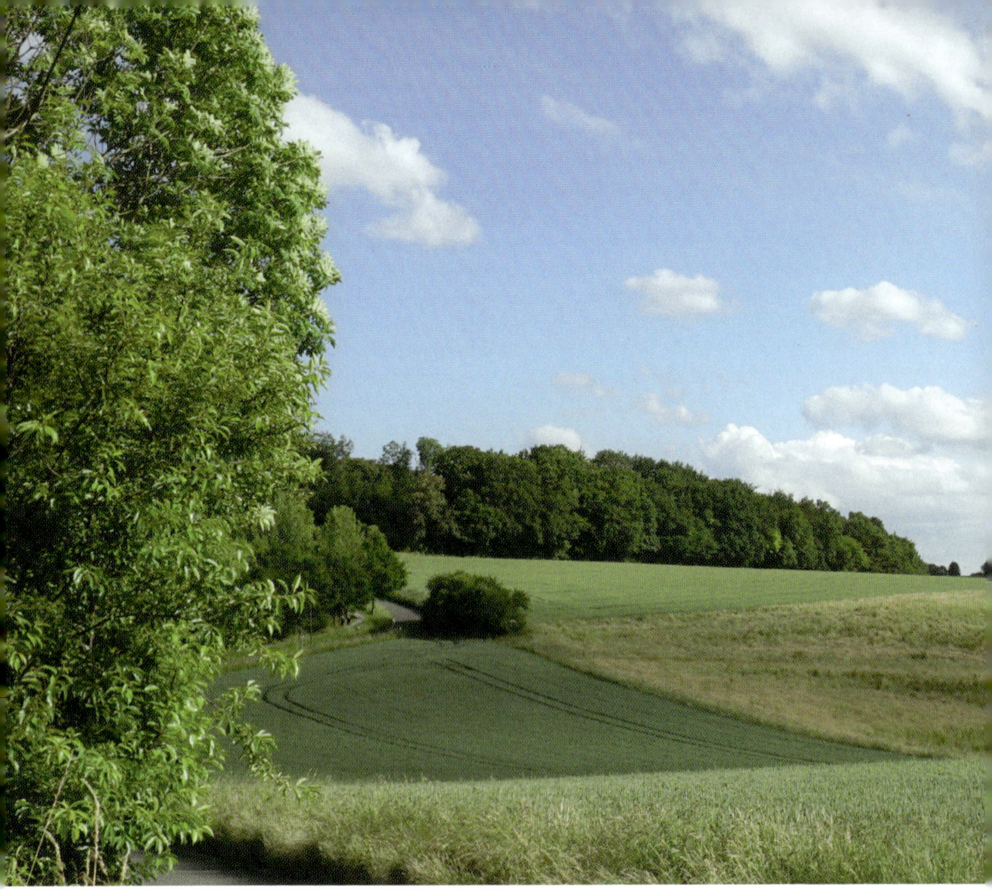

also nicht auf dem Wuppertal-Rundweg und dem Neanderlandsteig, die hier geradeaus weiterführen. Auf unserer Route schlängelt sich der Pfad zunächst ein bisschen durch den Wald – der Wegverlauf ist aber eindeutig. Am Querweg wenden wir uns nach rechts und halten uns an der Gabelung gleich dahinter links.

Vor der Rückseite der eingezäunten Justizvollzugsanstalt treffen wir wieder auf den Wuppertal-Rundweg, dem wir nun noch im Wald nach links am Zaun entlang folgen. Wo der schmale Pfad aus dem Wald heraustritt, gehen wir geradeaus auf den Schotterweg, der uns an der Streuobstwiese der Stadt Wuppertal vorbeiführt. An deren Ende wenden wir uns vor dem letzten Haus der Straße nach rechts und gehen um das Grundstück herum.

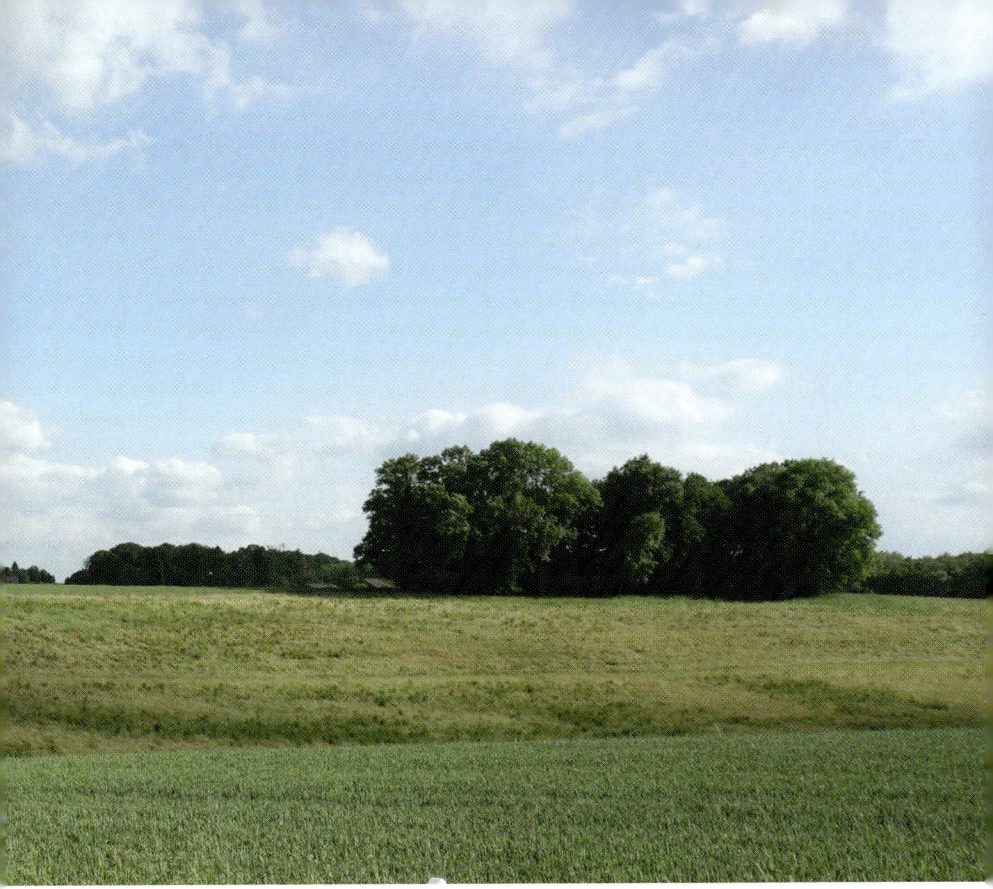
Auf dem Weg von Schöller nach Vohwinkel

Der kleinen Stichstraße folgen wir auf dem Wuppertal-Rundweg bis zur Querstraße, in die wir links einbiegen. Wir folgen dem Krutscheider Weg, bis nach rechts der Achterbergweg in Richtung einer breiteren Straße hinunterführt. Noch davor zweigen wir allerdings links ab und bleiben im Wohngebiet, bis uns schließlich – immer noch gekennzeichnet durch das umkreiste W – ein Fußweg bis zu einer breiten Kreuzung führt. Wir überqueren die Gruitener Straße und nehmen die Brücke über die Gleise.
Nun müssen wir uns an der Straße nur noch nach links wenden und erreichen die Vohwinkeler Endhaltestelle der Wuppertaler Schwebebahn. An der nächsten Straßenkreuzung links abgebogen gelangen wir übrigens in wenigen Metern zum Vohwinkeler Bahnhof.

Am Weg

Wuppertal und die Schwebebahn

Zeitzeugnis und modernes öffentliches Verkehrsmittel zugleich: Seit mehr als 130 Jahren schwebt „der stahlharte Drache" schon durch Wuppertal.

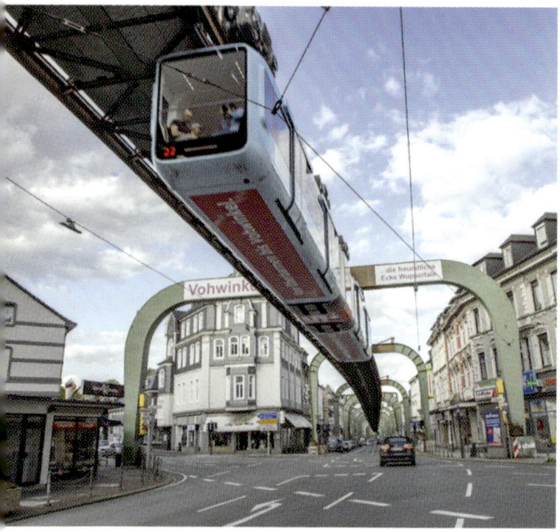

Staufrei und mit unverbautem Blick auf die Wupper verkehrt die Bahn auf acht bis zwölf Meter Höhe zwischen Oberbarmen und Vohwinkel auf einer Strecke von 13,3 Kilometern mit 20 Bahnhöfen. Wer detaillierte Informationen über die Bahn und die Highlights entlang der Strecke hören möchte, kann sich einen Audioguide herunterladen und unterwegs abspielen. Unter anderem die Geschichte vom Hut der Kaiserin Auguste und natürlich Tuffis Wuppersprung werden erzählt, aufgeteilt auf die 20 Stationen.

Informationen unter: www.wuppertal.de/tourismus-freizeit/schwebebahn/audio-guide/audio-guide.php

Gastronomie

Palazzo im Wiedenhof, Pastor-Vömel-Straße 30, 42781 Haan-Gruiten, Telefon 02104/9524505, www.palazzo-im-wiedenhof.de

Cafè im Dorf, Pastor-Vömel-Straße 20, 42781 Haan-Gruiten, Telefon 02104/1436638, www.cafe-im-dorf.net

Pizzeria Venezia, Thunbuschstraße 22, 42781 Haan-Gruiten, Telefon 02104/7836168

Diverse in Vohwinkel

Der fliegende Elefant von Wuppertal

Am 21. Juli 1950 ging eine ziemlich gewagte Werbeidee gründlich daneben: Der Zirkus Althoff wollte mit seiner jungen Elefantendame Tuffi auf sich aufmerksam machen und ließ das Tier in die Schwebebahn verfrachten, um begleitet von Reportern durch Wuppertal zu fahren. Aber Tuffi fand das doch ein bisschen zu eng, sie durchbrach zwischen den Haltestellen „Alter Markt" und „Adlerbrücke" die Kabine und sprang hinunter. Sie landete jedenfalls einigermaßen weich auf schlammigem Untergrund und verletzte sich nicht schwer. Vielleicht darf man sogar sagen: Zum Glück landete sie nicht in der Wupper, denn die glich zu dieser Zeit eher einer Kloake als einem Fluss. Man kann sich heute kaum noch vorstellen, dass die gesamte im Tal ansässige Industrie ihre Abwässer in die Wupper leitete.

Wie muss es wohl für unwissende Zeugen gewesen sein, die von der Aktion vorher noch nichts gehört hatten und plötzlich einen Elefanten fliegen sahen?

Der Tag hatte so gut angefangen: Es war warm, aber auch nicht zu warm. Jupp mochte diese Sommertemperaturen eigentlich, aber nicht an der Wupper. Hier stank es an heißen Tagen, wenn sich das dreckige Wasser des Flusses erwärmte, noch viel mehr als sonst irgendwo auf der Welt. So sagte Jupp das immer: „Mehr als sonst irgendwo auf der Welt." Dass er noch nicht weitergekommen war als von Schwelm bis nach Remscheid, das musste ja niemand so genau wissen.

Da er nicht viel besaß, verließ sich Jupp eben auf sein Mundwerk. Auch wenn seine Freunde sagten, er hätte eine große Klappe, na und? Sie hatte ihm schon manches Mal geholfen.

Manches Mal hatte er es dabei auch nicht ganz so genau mit der Wahrheit genommen. Schließlich saß ein Groschen manchmal lockerer, wenn er am Werkstor bettelte und behauptete, dass er keinen Platz für die Nacht hätte, obwohl er schließlich immer noch bei seiner Großmutter wohnte.

Aber jetzt hatte er es mit der Wahrheit versucht, und alles schien schiefzugehen. Er hatte am Werkstor gestanden und gerade war der Direktor hinausgekommen – wie immer in feinem Zwirn. Und als er so vor ihm stand und tatsächlich in seiner Weste nach einem Groschen suchte, da sah Jupp, wie hinter dem Direktor von oben nach unten ein Elefant vorbeiflog und hinter der Mauer verschwand. Für einen Moment stand er wie gelähmt da, aber dann ergriff er, ganz ohne nachzudenken, den Arm des Mannes, schüttelte ihn und schrie: „Ein Elefant! Da fliegt ein Elefant!" Es fühlte sich an, als hätte noch niemand irgendwo auf der Welt einen Arm so geschüttelt. Und Jupp hörte auch nur auf, weil ihn irgendjemand wegriss. Aber jetzt mal ehrlich? Will man sich nicht irgendwo festhalten, wenn man an der Wupper einen Elefanten vorbeifliegen sieht?

Der Rest ist schnell erzählt: Der Direktor dachte, dass Jupp ihn hatte bestehlen wollen und empörte sich über den neuesten Taschendiebtrick: „Ein Elefant?! Etwas Dümmeres hättest du dir nicht ausdenken können? Fort mit ihm."

„Jawohl, Herr Direktor", hatte der Schutzmann gekatzbuckelt, den man herbeigerufen hatte. Er hatte sich nicht einmal die Mühe gemacht, hinter die Mauer zu schauen. Dabei hätte er den Elefanten ja dann wohl selbst gesehen. Denn auch, wenn ihm niemand glaubte: Dass er sich das alles nicht eingebildet hatte, davon war Jupp überzeugt.

Aber das half ihm nun erstmal nichts.

„Dieses Mal hast du es überzogen, du kleiner Bengel", schimpfte der Polizist. „Ich hab' dir immer gesagt, dass dich dein Geschwätz eines Tages in Schwierigkeiten bringen wird."

Der Direktor bestand auf einer Bestrafung: Jupp sollte ab morgen ein paar Tage in seiner Textilfabrik arbeiten, sonst wollte er ihn anzeigen. Und der Polizist, der trotz allem wusste, dass Jupp kein Dieb war, hatte ihm geraten, sich nicht zu widersetzen.

Etwas Schrecklicheres konnte sich Jupp aber kaum vorstellen: Er musste ja schon immer fürchterlich husten, wenn er nur in die Nähe der Dämpfe kam, die von der dunklen Flüssigkeit ausgingen, die aus der Fabrik in die Wupper geleitet wurde. Auf der ganzen Welt stank nichts mehr – und einen Tag da drin ohne frische Luft, das würde er nicht überleben.
Kaum hatte der Schutzmann sich aber umgedreht, um Jupp ins Revier zu bringen, wo er ein Protokoll aufsetzen wollte, blieb er wie angewurzelt stehen, zu seltsam war das Bild, das sich nun bot: Einige Männer, die sich um einen großen Elefanten scharten und versuchten ihn aus dem Flussbett in einen bunten Wagen zu manövrieren: „Zirkus Althoff" stand mit großen goldenen Buchstaben auf dem roten Gefährt.
„Ein Elefant!" Dieses Mal war es der Polizist, dem ein Schrei entfuhr. Als er sich vom gröbsten Schreck erholt hatte, tätschelte er Jupp den Arm und wedelte nur mit der Hand. Ihm fehlten offenbar die Worte, um ihm zu sagen, dass er gehen könnte. Aber Jupp blieb noch ein Weilchen, denn auch er hatte sich an den Anblick von Elefanten an der Wupper noch nicht gewöhnt.
Am nächsten Tag klopfte es bei der Großmutter an der Tür und Jupp erschrak sehr, als er den Schutzmann erblickte. Was hielt er da in der Hand?
„Der Direktor lässt dich um Entschuldigung bitten", sagte er und überreichte ihm zwei Billetts: „Zirkus Althoff" stand darauf. „Du bist eingeladen, dir die Nummer mit Tuffi, dem Elefanten, anzuschauen." Es hatte heute in allen Zeitungen gestanden, und niemand in Wuppertal konnte mehr behaupten, Jupp hätte gelogen.
Er war glücklich. Und was soll man sagen? Er wurde Zeuge der besten Elefantennummer auf der ganzen Welt!

Tour 1

Startpunkt

Zwischenziele

Parkplatz

Haltestelle

Zielpunkt

Gastronomie

Sehenswürdigkeit

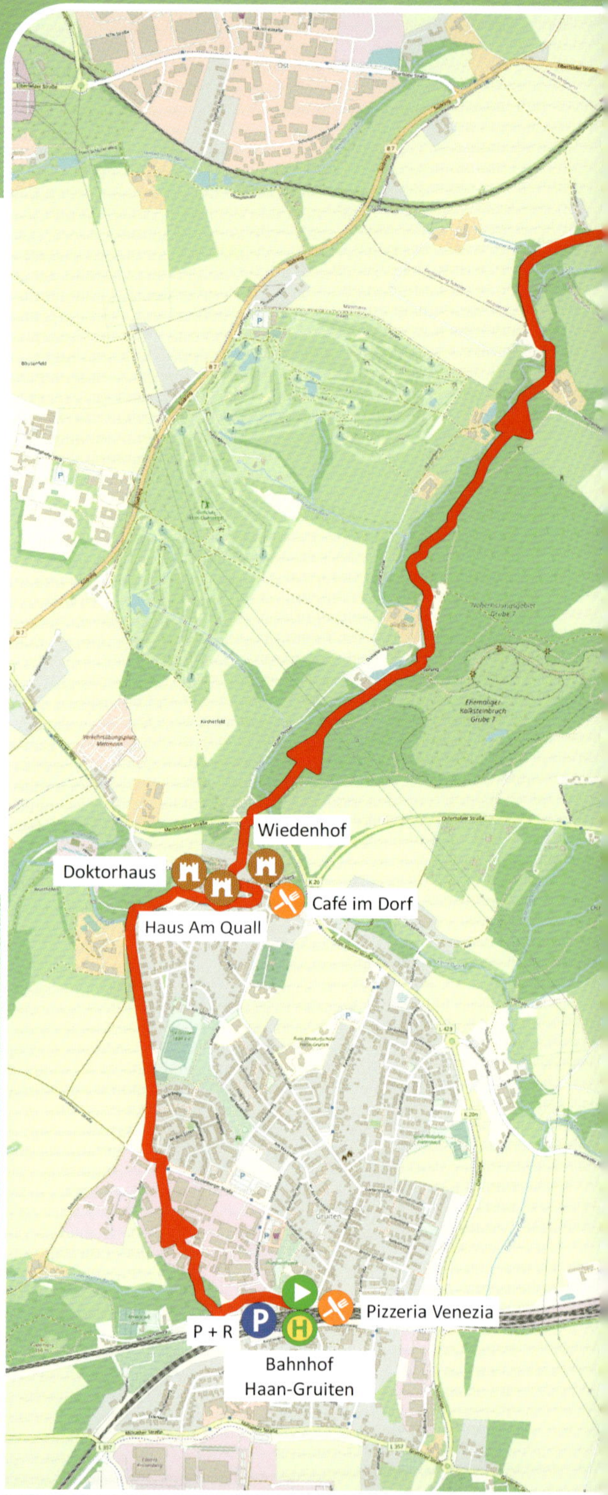

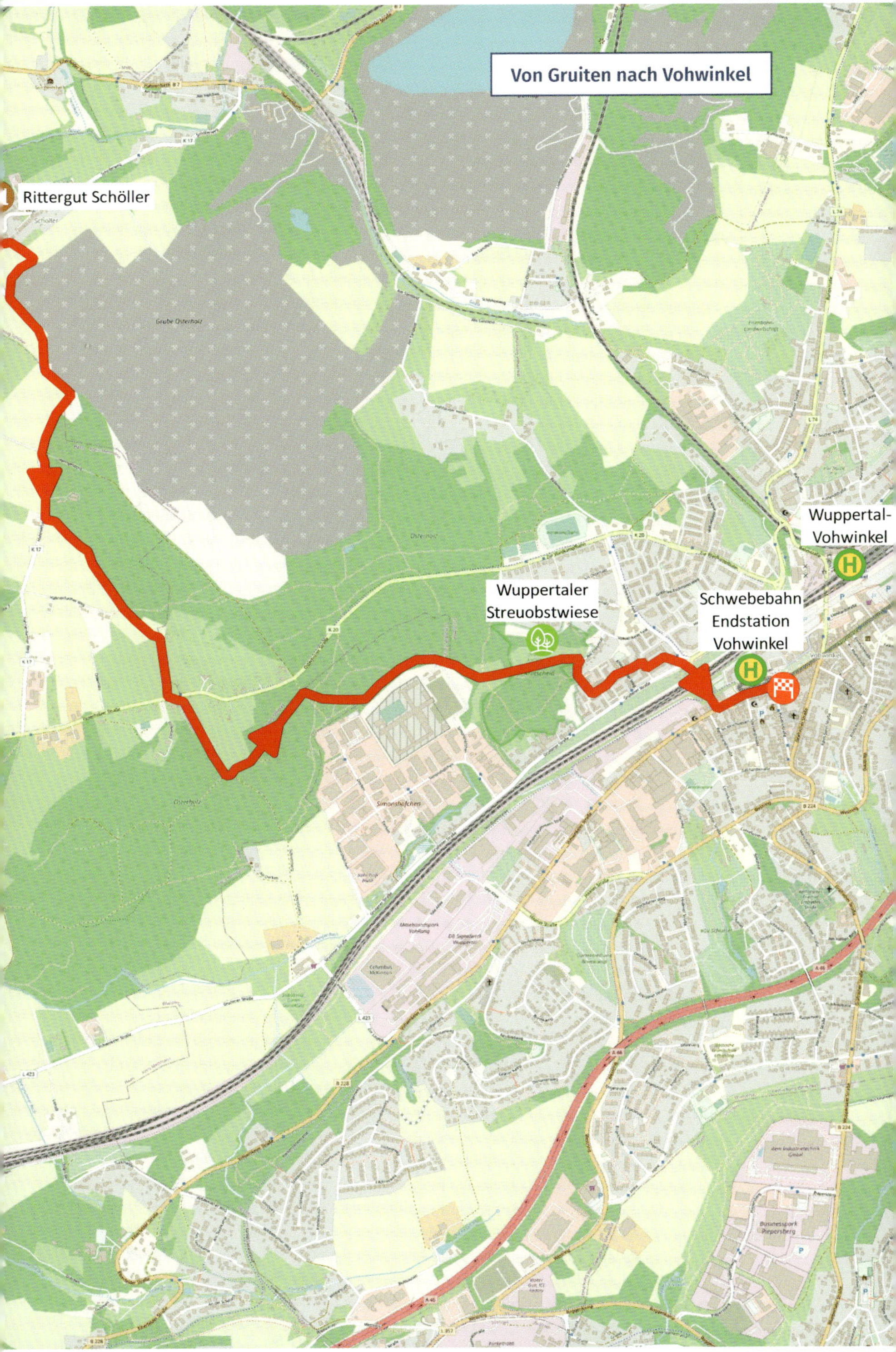
Von Gruiten nach Vohwinkel
Rittergut Schöller
Wuppertal-
Vohwinkel
Wuppertaler
Streuobstwiese
Schwebebahn
Endstation
Vohwinkel

Über die Wupper

Von Solingen-Gräfrath zum Wuppertaler Burgholz

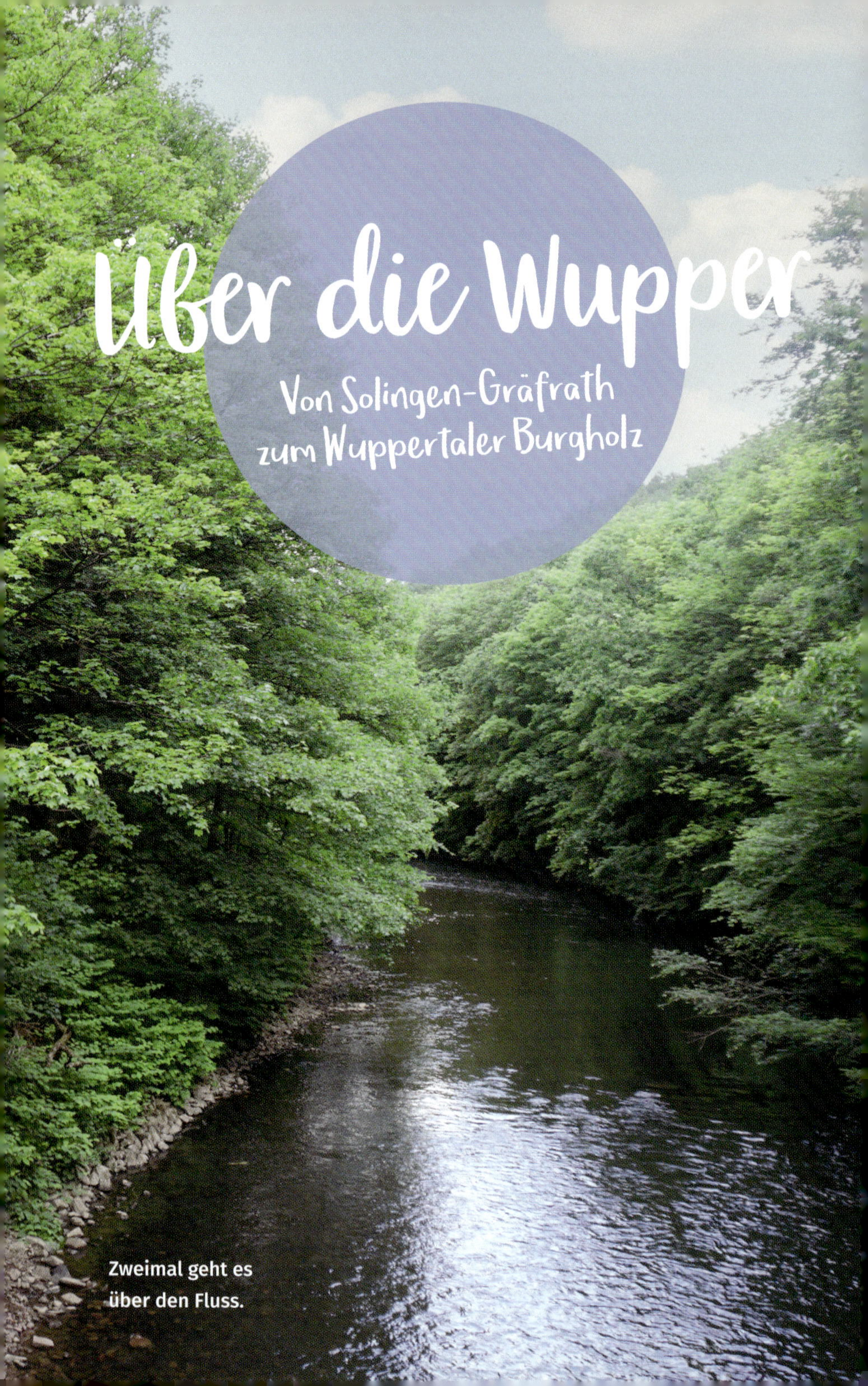

Zweimal geht es über den Fluss.

Gräfrath ist ein echtes bergisches Kleinod: Der wunderschöne Marktplatz mit seinen geschieferten Fachwerkhäusern und die Kirchtreppe hinauf zur ehrwürdigen Stiftskirche – das allein ist schon sehenswert. Vorbei am Solinger Klingenmuseum geht es hinauf zum höchsten Punkt Solingens auf dem freien Feld, von wo aus wir beste Aussicht auf die andere Seite der Wupper bis nach Cronenberg und Remscheid haben. Da das Märchen im Burgholz und in Gräfrath spielt, verbindet diese Wanderung die beiden Orte, obwohl oder gerade, weil dazwischen das tief eingeschnittene Tal der Wupper liegt, was auf beiden Seiten zu teils steilen, aber deswegen besonders abwechslungsreichen An- und Abstiegen führt.

Tour 2

3:00 Std. | 10 km | 375 m

Start/Ziel: Gräfrather Mark, 42653 Solingen-Gräfrath
Parken: Parkplätze Gerberstraße 14 oder „Am Brandteich", Gerberstraße 45
Wegbeschaffenheit: Von und nach Gräfrath über kleine Asphaltsträßchen ohne Autoverkehr, sonst Waldwege, die zum Teil sehr schmal und steil sind und gute Trittsicherheit erfordern. Bei Nässe den Abstieg von der Wallburg besser meiden.
Anreise mit ÖPNV: Bushaltestellen Solingen-Gerberstraße oder Solingen-Deutsches Klingenmuseum

Wegbeschreibung: Wir beginnen diese Wanderung auf dem Gräfrather Markt, indem wir die steile Kirchtreppe zur alten Stiftskirche hochsteigen, rechts an dieser vorbeigehen und uns an der Straße ebenfalls nach rechts wenden. Hinter der Haltestelle Gerberstraße gehen wir links in den Park. Die Schilder des Bergischen Wegs weisen in Richtung Cronenberg. Wir folgen dem asphaltierten Hauptweg, wandern rechts an einem Tiergehege vorbei, passieren ein Kriegerdenkmal und den Eingang zum Tierpark Fauna.

Jenseits der Straße gehen wir schräg links gegenüber auf der Straße namens „Schieten“ am Gräfrather Lichtturm vorbei aufs Feld. Nach rechts haben wir Aussicht auf Cronenberg und Remscheid.

Bevor sich der Weg senkt und die Dächer der ersten Häuser zu erkennen sind, biegen wir rechts in Richtung Flockertsberg ab. Gleich

Am Weg

Gräfrath

Das ganze Ensemble rund um den Gräfrather Markt steht unter Denkmalschutz. Kein Wunder: Es ist, als wäre zwischen den Häusern aus dem 18. und 19. Jahrhundert die Zeit stehen geblieben. Seinen besonderen Reiz bekommt der Platz aber durch die Klosterkirche Maria Himmelfahrt, die – so wie es der Name schon anzudeuten scheint – von überall sichtbar über dem Dorf steht. Über 72 Stufen führt die Kirchtreppe hinauf zu der 1195 erbauten, heute barock geprägten Basilika. Die für das kurz zuvor gegründete Kloster der Augustinerchorfrauen errichtete Stiftskirche ist das älteste Gebäude von Gräfrath. Seit Beginn des 17. Jahrhunderts bis zur Säkularisation 1803 wurde das Kloster freiweltlich als Damenstift für unverheiratete Töchter des bergischen Adels genutzt. In den ehemaligen Klostergebäuden befindet sich heute das Deutsche Klingenmuseum.

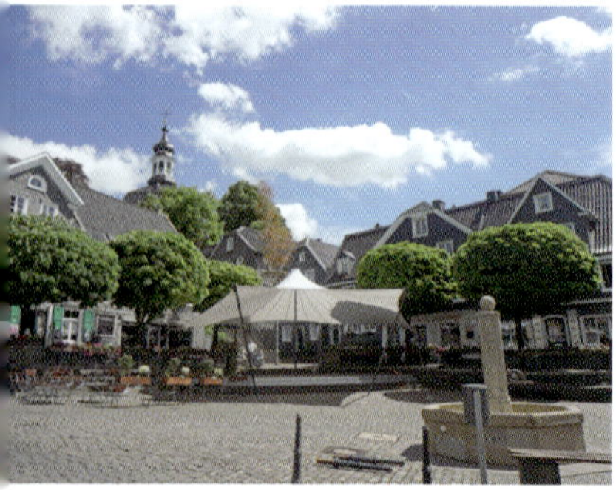

Am Weg

Teufelsbrücke und Friedenstal

Leider steht die ursprüngliche Brücke nicht mehr. Sie wurde abgerissen, als die Wupper wegen des Landstraßenbaus in den 70er-Jahren verlegt wurde. Man musste früher Wegezoll entrichten, um die Teufelsbrücke zu überqueren – und wer sollte dabei nicht an den Spruch denken, den die Menschen in dieser Region sagen, wenn jemand unheilvoll gestorben ist: Er oder sie ist über die Wupper gegangen, heißt es dann bis heute. Da ist es doch tröstlich, dass auf der anderen Seite das Friedenstal wartet. Ob die Bezeichnungen miteinander zu tun haben? Aber was denn sonst?!

hinter den beiden Häuschen wandern wir links in den Wald, wo wir an der nächsten Gabelung den rechten Weg wählen und wenige Meter weiter in den breiteren Weg einschwenken. Auf diesem Weg, der auch von Reitern genutzt werden darf, gehen wir talwärts bis zu einem Querweg. Dort biegen wir rechts ab. Wer mag, nimmt nur gut 50 Meter weiter den schmalen Pfad nach links zur Teufelsklippe. Achtung: Hinter der kleinen Felsnase geht es überraschend steil hinab.
Zurück auf dem breiten Weg geht es links weiter. Hier gehen wir nicht vor bis zu dem breiten Querweg an einer Wiese unterhalb der

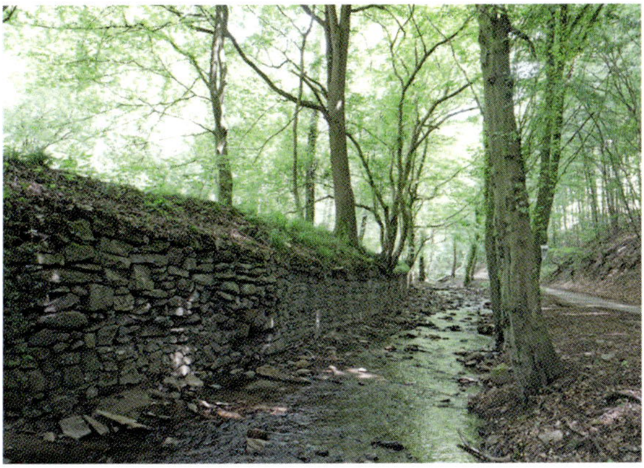

Reste des Kremershammers

Am Weg

Kremershammer

Die Mauerreste und auch die Hammerteiche, in denen der Burgholzbach zur Nutzung der Wasserkraft gestaut wurde, sind noch immer deutlich zu erkennen: Gleich hinter der Wupper treffen wir auf den Kremershammer, der hier im Jahr 1607 errichtet worden war. Er war einer von zahlreichen Betrieben, die schon früh den Grundstein des bis heute währenden Erfolgs der eisenverarbeitenden Industrie legten, der Werkzeug- und der Klingenmacherei.

Häuser. Bereits kurz davor biegen wir nach links in den Wald ab. Zunächst in einer Linkskurve führt uns der schmale Pfad den Berg hinunter. An Wochenenden ist Aufmerksamkeit geboten, denn der teilweise steile und steinige Weg ist auch bei Mountainbikern sehr beliebt.

Vom breiten Querweg lassen wir uns nach links mitnehmen, und nach der Kehre nehmen wir den Pfad, der im spitzen Winkel nach links hinunter zur Wupper führt. Er ist wieder mit dem orangen Schild des Bergischen Wegs markiert.

Nachdem wir den Fluss über- und die Straße unterquert haben, gehen wir rechts am Burgholzbach entlang. Der kleine Wasserfall ist dem historischen Kremershammer zu verdanken, dessen Reste wir hier noch erkennen. Wir überqueren den Bach und folgen der Kehre sowie dem Asphaltweg immer links. Auch an der Dreiergabelung nehmen wir den asphaltierten, also den mittleren Weg.

Auf halber Höhe wählen wir an dem kleinen ebenen Platz gegenüber einer Bank den Schotterweg, der rechts hinaufführt. An der Gabelung vor einem kleinen Tümpel gehen wir links hinauf, und am nächsten Querweg angelangt wandern wir nach links auf dem nach dem Naturforscher Wolfgang Kolbe benannten Weg. Dieser ist mit dem Symbol eines riesigen Käfers markiert.

Wir folgen ihm bis zum Kolbe-Gedenkstein. Diesem gegenüber gehen wir links der Schutzhütte auf den Pfad, der uns an den noch sichtbaren Gräben der alten Ringwallanlage entlangführt.

Achtung: Der Abstieg von dem Felssporn ist sehr steil und bei Nässe mit Vorsicht zu genießen!

Alternative: Auf dem Wolfgang-Kolbe-Weg weiterwandern bis zum breiten querenden Forstweg, dort links bergab gehen und dann nach links dem asphaltierten Sträßchen folgen. Die Strecke verlängert sich so um circa 1,3 Kilometer, also knapp 20 Minuten.

Beide Routen führen wieder zur Bank an der kleinen Ebene. Nun gehen wir das kurze Stück wieder zurück auf gleichem Weg, nämlich bergab über den Asphaltweg und schließlich hinter der Unterführung über die Wupper. Wir haben nun zwei Möglichkeiten: Entweder wir folgen dem Bergischen Weg den Berg hinauf. Dies hat den Vorteil, dass die Route über einen Forstweg führt, dafür müssen wir hier eine Brache durchqueren, die ein abgestorbener Fichtenforst hinterlassen hat. Deswegen entscheiden wir uns dafür, uns links zu halten und dann über den schmalen asphaltierten Weg durch das Friedenstal steil hinaufzugehen.
Oben stößt von rechts der Bergische Weg dazu und gleich dahinter zweigen wir leicht rechts ab auf den Fußweg. Er ist mit einem umkreisten S markiert und führt uns zu den ersten Gräfrather Häusern. Die kleine Straße hinauf ist gesäumt von einer Reihe wunderbarer Linden, einem Naturdenkmal. Nachdem wir hinter dem Sportplatz eine Straße überquert haben, wenden wir uns kurz nach links und dann gleich nach rechts. Rechts von uns befindet sich ein schmales

Am Weg

Ringwallanlage im Burgholz

Auf einem Felssporn des Burggrafenbergs auf der anderen Seite der Wupper kann man noch deutlich die Wälle und Gräben erkennen, die den Standort einer alten Burg markieren. Es wird vermutet, dass sie früh- oder hochmittelalterlichen Ursprungs ist, Sagen sprechen von einem Ritter des nahe gelegenen Kronenbergs.

Feld. An ihm orientieren wir uns und bleiben ihm so nah wie möglich. Vor der Kleingartenanlage gehen wir rechts und überqueren am Tiergehege den Querweg, um hinter dem Bach links und sofort nochmals links abzubiegen.
Durch ein Landschaftsschutzgebiet geht es hinunter zu dem kleinen Spielplatz und davor rechts zurück in den Ort, wo das Klingenmuseum und zahlreiche Einkehrmöglichkeiten auf uns warten.

Gastronomie

Diverse in Gräfrath

Am Weg

Deutsches Klingenmuseum

Solingen, die Klingenstadt: Wer etwas auf sich hielt in den vorindustriellen Jahrhunderten, der nutzte Waffen und Klingen aus Solingen. Noch heute finden sich auf Solinger Stadtgebiet überall die Reste wasserbetriebener Hammer- und Schleifmühlen. Die Ausstellung präsentiert Klingen, Schneidwaren, Esskultur von der Bronze- bis in unsere Zeit. Aber natürlich: Die Säbel und Dolche gibt es auch, und im Klingenmuseusm für Kinder gleich nebenan kann man sie sogar in die Hand nehmen. Hier wartet auch sonst einiges zum Entdecken und Ausprobieren. Oder wissen Sie schon, warum das Besteck Besteck heißt?

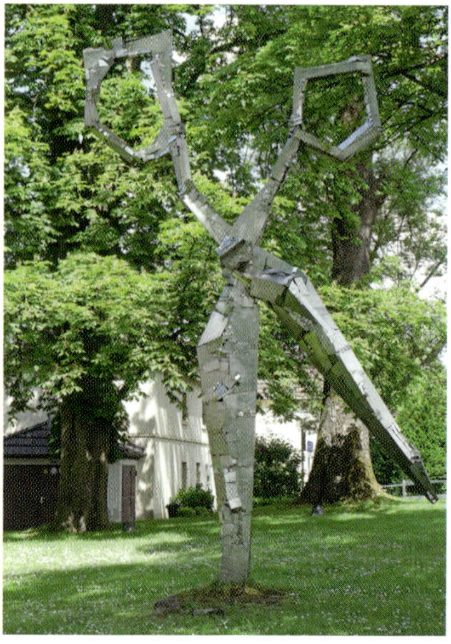

Informationen unter:
www.klingenmuseum.de

Der Nonnenraub von Gräfrath

Die ursprüngliche Legende vom Ritter von der Kronenburg wird auf zweierlei Weisen erzählt: In der einen raubt er seine Braut gegen ihren Willen aus dem Kloster und in der anderen planen sie eine gemeinsame Flucht. Aber egal welche der beiden Varianten: Männer wie Wolfgang von Kronenburg, die ihre Braut einfach rauben, und Frauen wie Katharina von Gräfrath, die ins Kloster gehen, um sich den härtesten Bußübungen zu unterziehen, sind uns heute fremd. Wir erzählen die Geschichte trotzdem, eben auf unsere ein bisschen modernere Art ...

Vor langer Zeit lebte auf der Kronenburg im Burgholz ein Ritter namens Wolfgang. Er war bekannt dafür, dass er unerschrocken und mutig war. Und so ereilte in bald der Ruf, grobschlächtig und grausam zu sein, obwohl es gar nicht zum ihm passte – denn im Herzen war er ein guter Mensch. Doch als Ritter musste er in den Kampf ziehen und sein Land verteidigen: Da konnte er nicht immer nach seinem Herzen entscheiden.

Und so trug es sich zu, dass er sich der Burg des Ritters von Kettler näherte. Er hatte gar nicht vor, bis zum Schloss Hammerstein zu reiten und wollte es auch nicht überfallen. Sein Tag sollte unterhaltsam werden, vielleicht würde er im Gräfrather Klosterwald ein Reh oder gar einen Hirsch erlegen. Also ritt er mit seinem Knappen im Sonnenschein dahin und dachte an nichts Böses.

Da sah er etwas Rotes hinter einem Baum hervorblitzen. Eilig sprang er vom Pferd, zog seinen Bogen aus der Satteltasche, und schon sirrte ein Pfeil durch die Luft. Allerdings traf er nicht, was sich hinter dem Baum bewegte hatte, sondern den Baum selbst.

In diesem Moment sprang eine junge Frau dahinter hervor und begann, fürchterlich zu schimpfen: „Was fällt Ihnen ein? Seid Ihr von allen guten Geistern verlassen, nach mir zu schießen?“ Schnell legte sie selbst den Bogen an, und schon war ein Pfeil auf den Ritter gerichtet. Dieser je-

doch brach in schallendes Gelächter aus. Wie konnte er nur die langen roten Haare dieser Edeldame mit dem Fell eines Wildes verwechseln?
„Ich verbeuge mich untertänigst vor Euch, mein Edelfräulein. Aber sollte Euer langes Haar nicht unter einer keuschen Kappe versteckt sein?"
„Das geht Euch gar nichts an. Was ich mit meinen Haaren mache, ist allein meine Sache! Haut besser ab, bevor ich die Wachen meines Onkels rufe!"
Aufgebracht stapfte die junge Edelfrau auf den Ritter zu, dieser verbeugte sich sogleich und zeigte ihr so seine Ehrerbietung. Als er sich wieder aufrichtete war ihm, als ob sein Herz in der Brust einen kleinen Ruck machte. So eine unbändige und wilde junge Frau hatte er noch nie gesehen – zumindest nicht unter den adeligen Damen. Und so starrte er mit offenem Mund, und die junge Frau starrte zurück.
Noch ehe sie es sich überlegen konnten, reichten sie sich die Hände. „Ich bin Ritter Wolfgang von der Kronenburg", stellte sich der junge Mann vor, und die junge Frau erwiderte selbstbewusst: „Ich bin Mechthild, die Nichte des Ritters Kettler."
Der Knappe jedoch räusperte sich und drängte zum Aufbruch. Vielleicht würden die Wachen des Onkels kommen und nach der jungen Frau suchen. Doch seinen Herren interessierte das nicht. Er führte die wilde Schönheit zu einem Baum, um mit ihr zu sprechen. Wenn es Liebe auf den ersten Blick gibt, dann war sie hier wohl geschehen, und so fragte der Ritter keck: „Seid Ihr schon verheiratet, meine Dame? Ganz taufrisch erscheint Ihr mir nicht mehr, Ihr habt wohl wie ich die Zwanzig schon überschritten ...?"
Ganz schön frech, was er sich da leistete, aber zu seiner Erleichterung wurde die junge Frau nicht wütend. Im Gegenteil: „Mein Onkel will, dass ich ins Kloster in Gräfrath eintrete", entgegnete sie traurig: „Schon nächste Woche. Ich soll mein Leben lang für sein Seelenheil beten." Sie begann, bitterlich zu weinen, und der Ritter wusste sich nur einen Rat. „Ich werde um Eure Hand anhalten, einem Ritter von Kronenburg

kann Ihr Onkel keinen Wunsch abschlagen. Ihr werdet meine Frau!“ Er strahlte von einem Ohr zum anderen. Diese Frau war so anders als alle, die er bisher kennengelernt hatte, so frei, so wild, so unbändig. Mit ihr würde das Leben immer spannend bleiben, sie durfte einfach nicht hinter Klostermauern verschwinden.
Schon am nächsten Tage sprach der Ritter Wolfgang im Schloss Hammerstein vor und hielt um die Hand der Nichte an. Doch der Onkel ließ sich nicht umstimmen. Es sei abgemacht, dass sie ins Kloster gehe, da gebe es nichts zu rütteln. Er könne gerne eine seiner Töchter heiraten, aber nicht seine Nichte, die widerspenstige Mechthild. Denn aufrührerische Frauen waren dem Ritter von Kettler ein Dorn im Auge, und er wollte seine Nichte sicher hinter Klostermauern wissen.
Die junge Frau musste also am Tag der heiligen Katharina ins Kloster eintreten. Dort empfing sie eine andere Katharina, nämlich die Gräfin von Gräfrath, die freiwillig ins Kloster gegangen war und die sich dort wunderbar wohl fühlte. Die beiden Frauen wurden schnell Freundinnen, obwohl sie unterschiedlicher nicht sein konnten. Gemeinsam heckten sie einen Plan aus: Bei der nächsten Prozession – über die Wiesen zum kleinen Kirchlein – würde der Ritter Wolfgang seine Mechthild entführen. Katharina beauftragte ihren Bruder, den Ritter zu informieren.
Der Tag der Prozession kam, und alles lief nach Plan: Der Ritter raubte seine Mechthild und brachte sie fort in seine Burg im Burgholz, um noch am selben Tag die Hochzeit zu feiern. Bis ihr Onkel von dem Vorfall erfuhr, waren die beiden schon Mann und Frau.

Wie geht es weiter? In beiden Versionen der Legende bezahlt Ritter Wolfgang zum Schluss übrigens mit seinem Leben, egal ob Mechthild mit der Entführung einverstanden war oder nicht. Sie bleibt am Schluss allein zurück. Soll die Geschichte wirklich so enden? Jetzt ist Eure Fantasie gefragt …

Tour 2

Startpunkt

Zwischenziele

Parkplatz

Haltestelle

Zielpunkt

Sehenswürdigkeit

Aussichtspunkt

Kulturstätte

Naturerlebnis

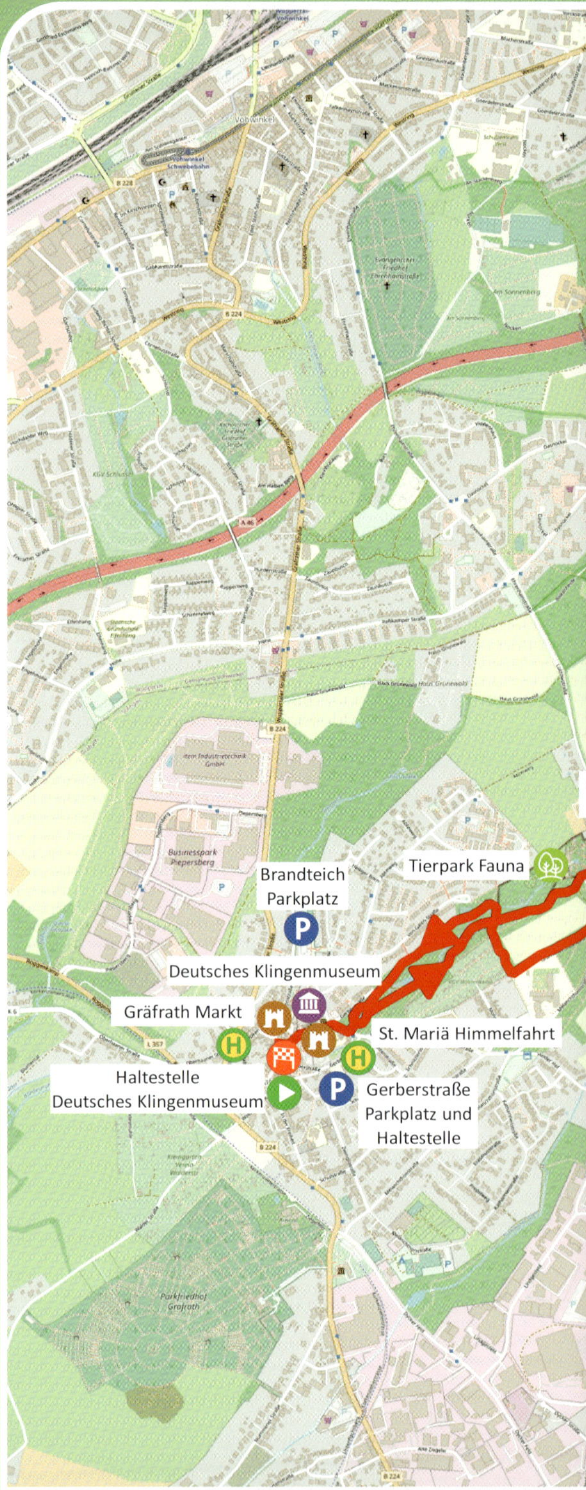

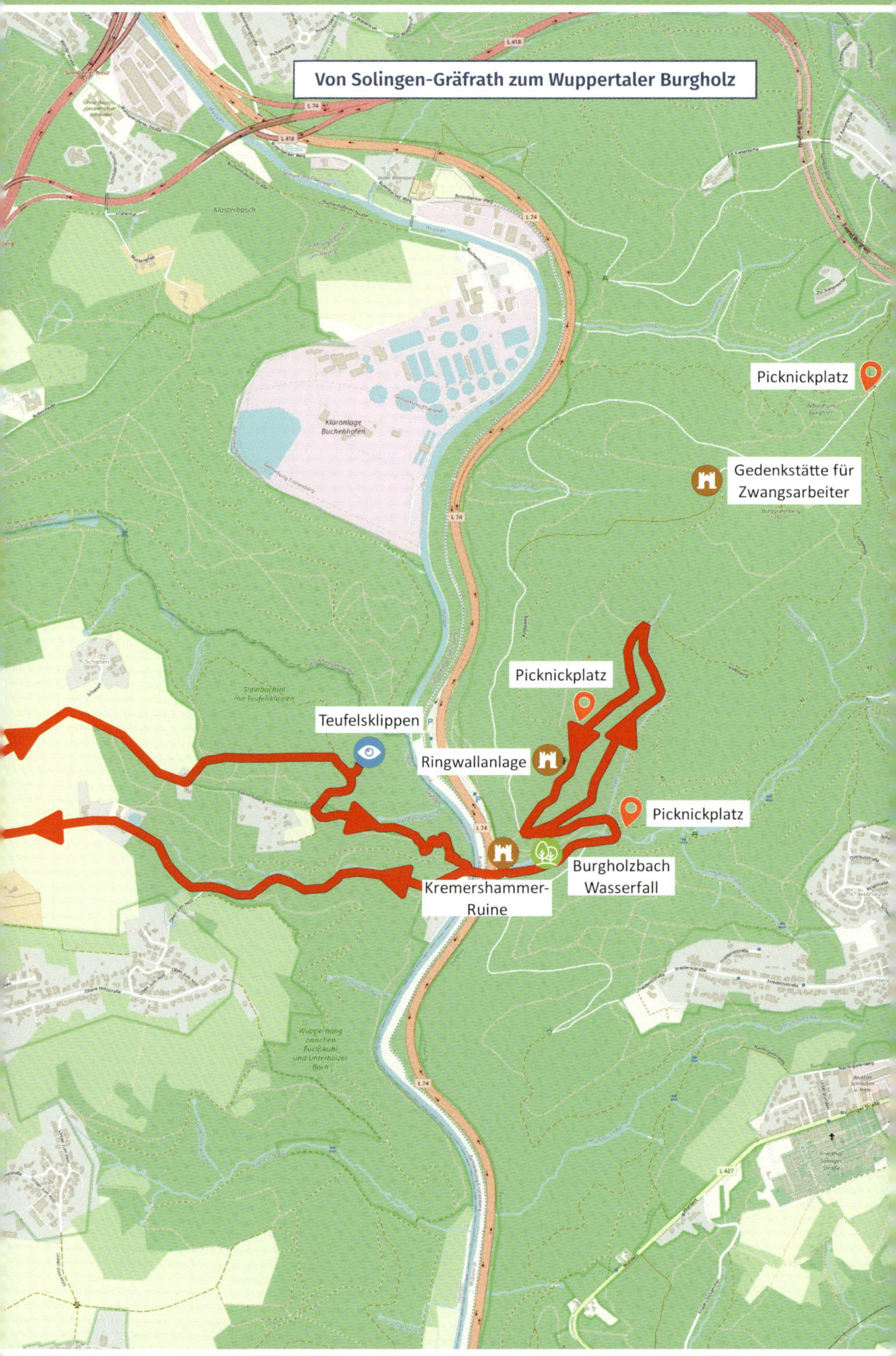

Von Solingen-Gräfrath zum Wuppertaler Burgholz
Picknickplatz
Gedenkstätte für Zwangsarbeiter
Picknickplatz
Teufelsklippen
Ringwallanlage
Picknickplatz
Kremershammer-Ruine
Burgholzbach Wasserfall

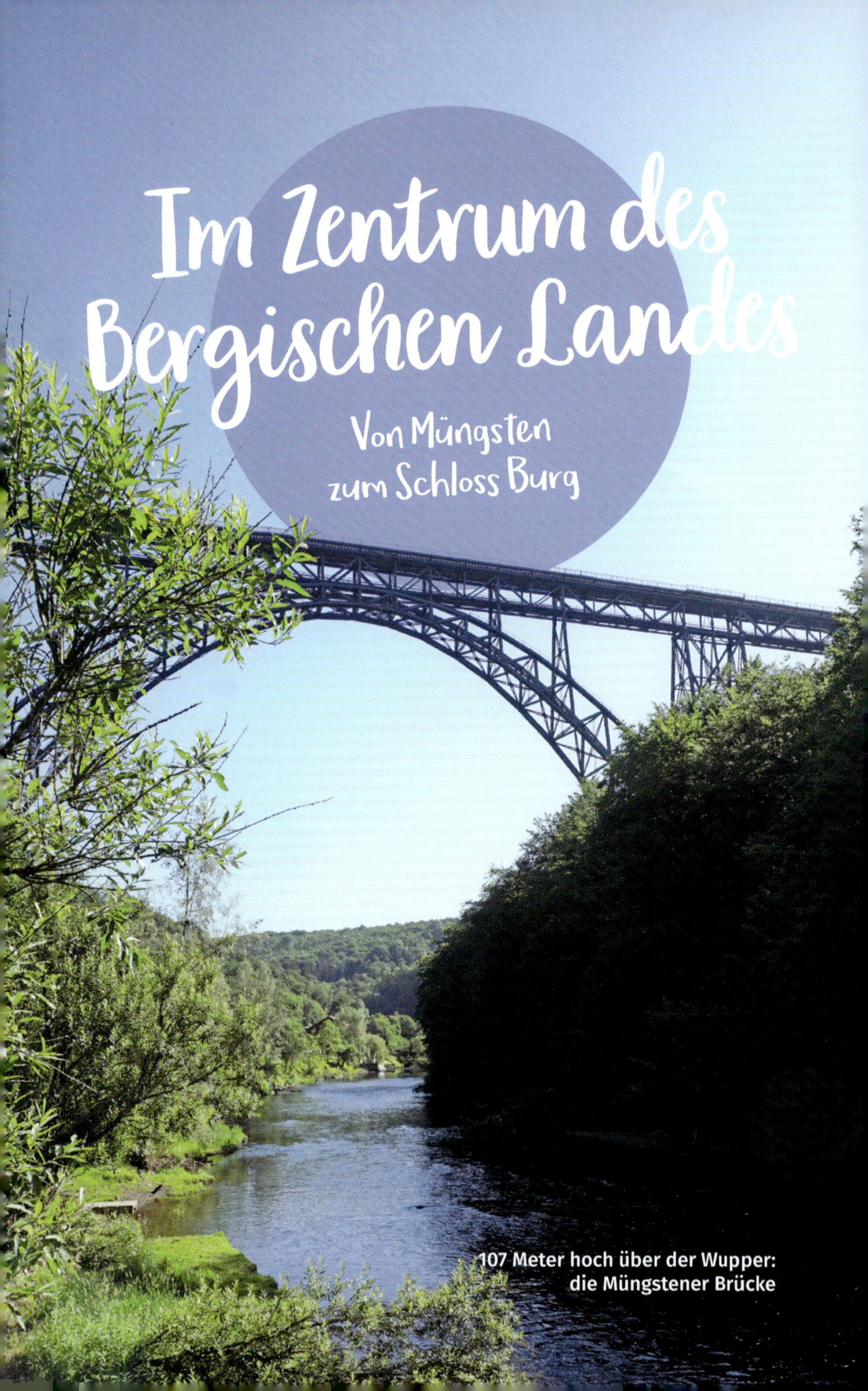
Im Zentrum des Bergischen Landes
Von Müngsten zum Schloss Burg
107 Meter hoch über der Wupper: die Müngstener Brücke

Für eine lange Zeit war die Burg über der Wupper der Stammsitz der Grafen von Berg, der Namensgeber des Bergischen Landes. Stolz und prächtig steht das im 19. Jahrhundert wieder errichtete Schloss auf dem Sporn, umgeben von malerischen Handwerkshäusern: Ihr Besuch ist ein absolutes Muss in der Region. Genauso wie die Müngstener Brücke, unter der diese Wanderung startet: ein technisches Meisterwerk, das bis heute ihresgleichen sucht. An ihrer Höhe von 107 Metern lässt sich auch ablesen, wie tief das Tal der Wupper hier eingeschnitten ist. An ihren felsigen Ufern entlang und zurück über die Höhen führt diese Runde ins Herz der Region.

Tour 3

4:15 Std. | 10,8 km | 497 m

Start/Ziel: Napoleonsbrücke, Brückenpark Müngsten, 42659 Solingen
Parken: an der L 74 (vom Sonnborner Kreuz/Wuppertal) oder der B 229 (von Solingen/Remscheid). Parkplätze sind beschildert.
Wegbeschaffenheit: überwiegend breite Wald- und Forstwege, einige kleinere Passagen über schmale Pfade durch unebenes Terrain
Anreise mit ÖPNV: Bushaltestelle Solingen-Müngsten Brückenpark oder S-Bahn-Haltepunkt Solingen-Schaberg (siehe Tipp)
Besonderheit: Das Auf und Ab bei dieser Runde summiert sich auf fast 500 Höhenmeter im Aufstieg und Abstieg. Es ist aber möglich, auf dem Rückweg am Fluss zu bleiben. Außerdem kann man eine weitere Besonderheit nutzen, um Höhenmeter zu sparen: die einzige Seilbahn des Bergischen Landes von Unter- nach Oberburg.

Wegbeschreibung: Die alte gepflasterte Wupperbrücke, die auch Napoleonsbrücke genannt wird, dient schon lange nur noch Fußgängern und Radfahrern. Sie liegt gleich neben der in den 60er-Jahren errichteten modernen Straßenbrücke. Hier beginnen wir unsere Wanderung und gehen rechts des Flusses zum Brückenpark Müngsten.

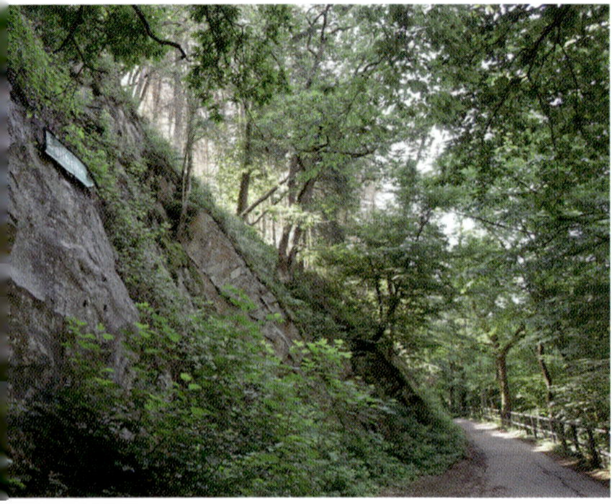

Auf dem Weg nach Burg

Hinter der Brücke und der Schwebefähre bleiben wir rechts der Wupper und gehen über die „Felsstufen" Richtung Schloss Burg. An märchenhaften Felsformationen vorbei geht es hoch über der Wupper weiter.

Schließlich erreichen wir wieder das Niveau des Flusses und wenden uns hinter der Brücke nach rechts. Eine kleine Straße führt uns an der evangelischen Kirche mit ihrem historischen Friedhof vorbei bis nach Unterburg. Dort überqueren wir die Straße. Wer zur Seilbahn möchte, geht hier rechts. Wer zu Fuß hinauf will, läuft leicht links weiter, bis es geradeaus nicht mehr weitergeht. Dort führt die Schloßbergstraße links hinauf.

Tipp

Wer die Gelegenheit nutzen möchte, mit dem Zug über die höchste Eisenbahnbrücke Deutschlands zu fahren, beginnt die Wanderung am S-Bahnhof Solingen-Schaberg und stößt nach einem steilen Abstieg auf Höhe von Haus Müngsten auf unsere Route. Doch die Fahrt mit dem Zug über die Brücke belohnt die Mühe, denn die Aussicht ist wirklich spektakulär!

Am Weg

Müngstener Eisenbahnbrücke

Die mit 107 Metern höchste Eisenbahnbrücke Deutschlands wurde 1897 fertiggestellt, damals noch Kaiser-Wilhelm-Brücke genannt. Die Geschichte ihres Baus ist äußerst spannend: Der Baumeister Anton von Rieppel hatte die kühne Idee, die Brücke von beiden Seiten des Tals aufeinander zuzubauen. Für diese Konstruktion wurden neuartige Berechnungsverfahren entwickelt, und trotzdem war es bis zum Schluss nicht sicher, ob sich die riesigen Eisenverstrebungen in der Mitte wirklich treffen würden. Doch die Brückenteile wuchsen zentimetergenau von beiden Seiten aufeinander zu und stießen mittig zusammen. Die neuartige Konstruktionstechnik hatte funktioniert. Die Brücke ist ein Zeitzeugnis der damaligen Ingenieurskunst und bis heute im Einsatz: Sie verkürzt die Strecke zwischen den beiden benachbarten Städten Solingen und Remscheid um 33 Kilometer!

Informationen unter: www.die-muengstener-bruecke.de.
Wer begleitet auf die Brücke klettern möchte,
findet alle **Informationen unter:** www.brueckensteig.de

Vor dem Haus mit der Nummer 37 biegen wir auf den steilen Burgstieg scharf rechts ab. Der Steig führt im Zickzack bergauf und schließlich erreichen wir Oberburg und unter der Seilbahn hindurch das Schloss und die umliegenden historischen Gebäude.
Den Rückweg starten wir wieder unter dem Sessellift auf dem beschilderten Weg nach Unterburg und nehmen nun nicht den Abstieg an der Gabelung, sondern bleiben zunächst oben. Auf dem Steinweg unterhalb der Burgmauer wenden wir uns erst an der nächsten Y-Kreuzung nach links auf dem A 1 talwärts.
Wieder erreichen wir Unterburg und gehen auf der anderen Straßenseite geradeaus Richtung Müngsten zurück, nehmen aber nun die erste Abzweigung rechts hinauf Richtung Lehmkuhle.
Nach einem steilen Aufstieg an der Straße angelangt wenden wir uns an dem kleinen Parkplatz sofort nach links und wandern links unterhalb der Straße den Forstweg leicht bergab. Weiter geht es für

eine ganze Weile fast eben ohne nennenswerten Höhenunterschied. Bald kommen wir in ein Areal, auf dem bis vor Kurzem ein Fichtenforst stand. Die Veränderungen im Wald sind hier gut zu studieren. Einstweilen eröffnet die neu entstandene Brachfläche einen Blick auf die Wupper tief im Tal.
Schließlich führt uns der Forstweg an eine breite Wegkreuzung im Wald, von der zahlreiche beschilderte Wanderwege abgehen. Wir halten uns geradeaus und folgen der Markierung mit einem umkreisten R und dem A 1 wieder leicht bergab.
Bald queren wir einen Bach, vor dem nach links und rechts Wanderwege abzweigen. Wir bleiben aber auf der gleichen Ebene und folgen dem breiten Hauptweg, der weiter mit dem umkreisten R und A 1 gekennzeichnet ist.
Wieder erreichen wir eine breite Wegkreuzung, die in einer Art Dreieck angeordnet ist. Wenn wir uns nach rechts wenden, erkennen wir sogleich die gigantischen Pfeiler der Müngstener Brücke. Wieder

Am Weg

Schloss Burg

Eine lange traditionsreiche Geschichte hatte diese fast tausendjährige Burg schon hinter sich, bevor sie zum Touristenmagnet aufgestiegen ist. Gegründet im Jahre 1130 von Adolf II. von Berg war sie über Jahrhunderte der Stammsitz der Grafen von Berg. Bis ins 15. Jahrhundert wurde sie noch Burg Neuenberge genannt und war der Inbegriff einer machtvollen Burg- und Schlossanlage. Nachdem der Stammsitz derer von Berg, die 1380 zu Herzögen erhoben wurden, nach Düsseldorf verlegt wurde, geriet die Burg zwischen dem 17. und 19. Jahrhundert vorerst in Vergessenheit und verfiel zur Ruine. Schließlich gründete sich im Jahr 1890 ein Verein zur Rettung des Schlosses, und so wurde es historisch rekonstruiert wieder aufgebaut. Das Innere der Burg beherbergt ein Museum, das multimedial die Geschichte der Burg und seiner Herren erzählt, der Grafen von Berg, die der ganzen Region ihren Namen gegeben haben. Das Museum ist übrigens auch vor Abschluss der noch bis 2025 laufenden Sanierung zumindest in Teilen weiter zu besichtigen. **Informationen unter:** www.schlossburg.de

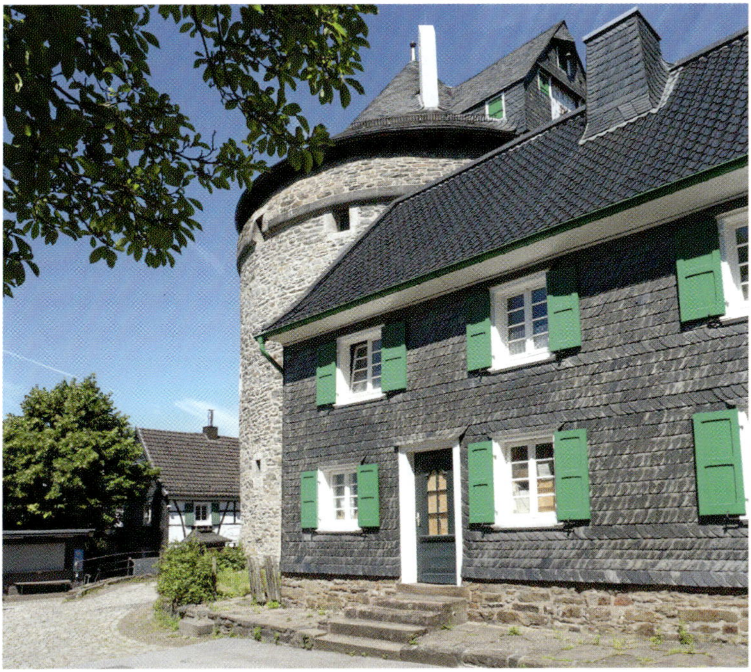

Typisch bergisches Haus auf Schloss Burg

unterqueren wir sie und zweigen von dem breiten Weg erst an der Stelle ab, an der links unterhalb der Diederichstempel auf uns wartet. Von dort genießen wir die Aussicht und gehen auf dem Pfad weiter.

Die erste Möglichkeit, hinter dem Bach wieder auf den breiten Forstweg zu gelangen, nutzen wir, biegen aber bei erster Gelegenheit wieder nach links von diesem ab und steigen hinunter ins Tal. Vor der breiten Straße geht es nach links zurück zum Brückenpark in Müngsten. Wer zurück nach Schaberg will, geht gleich hinter der Napoleonsbrücke geradeaus bergauf.

Variante: Wer von Unterburg mit möglichst wenig Steigungen und Abstiegen zurück nach Müngsten zurückgehen möchte, kann immer rechts des Flusses bleiben und dann die Schwebefähre nehmen. Tipp: Am besten auf dem Hinweg die Abfahrtszeiten prüfen!

Am Weg

Diederichstempel

Aus eins mach zwei, und so gibt es gleich zwei dieser romantischen Tempel: einen bei Schloss Burg und den anderen in Müngsten. Errichtet wurden sie zu Beginn des 20. Jahrhunderts von August Diederich, der reich genug war, um einfach nur etwas Schönes zu schaffen und die Menschen damit zu erfreuen – so sind seine „Tempel“ bis heute öffentlich zugänglich. 1896 errichtete er den achteckigen Burger Diederichstempel im neoklassizistischen Stil mit Blick auf Schloss Burg und den Stadtteil Unterburg. Der Müngstener Diederichstempel entstand fünf Jahren später im neogotischen Stil und in siebeneckiger Form mit Blick auf die Müngstener Brücke.

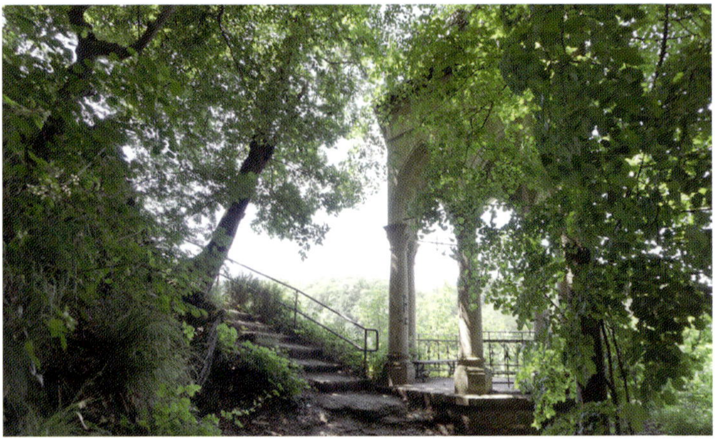

Gastronomie

Café Meyer, Schloßbergstraße 4, 42659 Solingen,
Telefon 0212/2443275, www.cafe-meyer.de
Restaurant Haus Müngsten, Müngstener Brückenweg 71,
42659 Solingen, Telefon 0212/2339320, www.haus-muengsten.de
Tamy's Pfötchen Café, Eschbachstraße 40, 42659 Solingen,
(Unterburg Seilbahn) Hundecafé, Telefon 0212/22185805,
www.facebook.com/Tamyspfoetchen
Diverse in Oberburg

Das Gespenst von Schloss Burg

Märchenhaft thront es über der Wupper: Schloss Burg. Massive Mauern, gewaltige Torbögen und der Bergfried von weithin zu sehen. Es war Schauplatz von höfischen Festgelagen, Ritterspielen und politischen Intrigen – über Jahrhunderte der Sitz der einflussreichen Grafen von Berg. Eine der bedeutendsten Burgen Nordrhein-Westfalens zeigt sich auf dieser Tour – wer dorthin wandert, kann sich den mittelalterlichen Geschichten und Sagen und seiner Imposanz nicht entziehen. Und das haben nicht nur wir uns gedacht, sondern auch der sympathische Akteur unserer Geschichte.

Es war einmal ein kleines Gespenst, das hatte sein Leben als kleiner Tunichtgut satt. Immer hieß es nur: Da spuken und dort Schabernack treiben, da eine Rüstung umwerfen und dort die Bewohner erschrecken. Es wollte nicht mehr eins von vielen Gespenstern sein, es wollte das beliebteste Gespenst von allen werden, und um dies zu erreichen, suchte es sich die beste und schönste Burg aus, nämlich die Burg Neuenberge, wo die Grafen von Berg zu Hause waren.

Dort angekommen wollte es sich zuerst einmal umsehen und so strich es des Nachts in der Gegend herum und schaute in so manch ein Kinderzimmer. Doch da es seinem Credo: „Nicht mehr gruseln", treu bleiben wollte, huschte es geschwind weiter, ohne auch nur ein einziges Kind zu erschrecken. Um sich etwas zu erholen, bevor es zurück zur Burg fliegen würde, landete es am Fluss und blickte hinauf in den dunklen Himmel. Der Mond und die Sterne leuchteten vom Firmament, und da wurde das kleine Gespenst dann doch etwas melancholisch.

Ein tiefer Seufzer entfuhr ihm. So traurig, wie es sich gerade fühlte, merkte das kleine Gespenst zunächst gar nicht, dass er gar nicht aus seinem Mund gekommen war, sondern aus dem eines kleinen Mädchens, das sich auch am Flussufer befand. Schnell machte sich das Gespenst unsichtbar, und flog geschwind an dessen Seite. Das Mädchen öffnete kurz die Augen und sah sich um, doch nachdem es niemanden

sah, schluchzte es weiter in seine Hände. „Was hat sie bloß?“ überlegte das Gespenst, „An mir kann es ja diesmal nicht liegen, dass sie heult wie ein alter Schlosshund.“
Plötzlich sprang das Mädchen auf und ging zum Wasser. Schon stand es bis zu den Knien im Fluss, der es wegzureißen drohte. Wenn das Gespenst nicht so schnell wie ein geölter Blitz eingeschritten wäre, dann wäre Schreckliches passiert. Vor Schreck sprang das Mädchen zurück ans Ufer. „Was fällt dir ein?“ schimpfte das Gespenst: „Ist dir dein Leben so wenig wert?“
„Ich habe keine Eltern mehr, niemand kümmert sich um mich. Und selbst die böse Hexe ist gestorben – der Schlag hat sie getroffen, als sie gerade einen Zaubertrank anrühren wollte“, schluchzte das Mädchen und fing wieder an zu heulen.
Da wurde es unserem Gespenst zu viel. Jetzt hatte es endlich aufgehört zu erschrecken und trotzdem traf es wieder nur ein heulendes Kind. „Jetzt ist Schluss“, rief es aufgebracht, „Ich werde dir helfen! Ich bin Friedrich Theobald Gustav von und zu Rotbart, ich werde dich ehrenvoller Weise aus deinem Zustand der Bedrängnis befreien!“ Und weil sich das Gespenst dabei ganz salbungsvoll verbeugte, musste das Mädchen schließlich lachen, ließ sich auf das weiche Gras fallen und war in wenigen Sekunden eingeschlafen.
Mit dem ersten Zwitschern der Vögel erwachte das Mädchen und rieb sich den Schlaf aus den Augen. Es sah sich um, doch vom Gespenst keine Spur. „Vielleicht habe ich das nur geträumt“, dachte es und stand auf. Doch kaum hatte es den Satz zu Ende gedacht, war es wieder da – ein Gespenst am helllichten Tage! Es flog beschwingt herum und rief: „Komm, wir schweben zu Burg Neuenberge. Dort wartet eine Überraschung auf dich!“ Es nahm das Mädchen, das so leicht wie ein Vögelchen war, auf den Arm und flog mit ihm bis zur großen Burg. Dort angekommen schwebte es durch ein geöffnetes Fenster in den riesigen Ahnensaal, wo an einem schweren Eichentisch ein Mann und eine Frau saßen. Sie hielten sich an den Händen und seufzten schwer. „Wie lange

sollen wir noch auf ein Kind warten?" überlegte der Mann und streckte seiner Frau die Hand entgegen. „Bald bin ich zu alt, um ein Kind zu gebären und du musst dir eine jüngere Frau nehmen, damit unsere Familie weiterlebt", schluchzte die Frau und die Tränen flossen in Strömen über ihre bleichen Wangen. Der Graf rief verzweifelt: „Hätte doch die böse Hexe unsere kleine Tochter nicht gestohlen! Warum mussten wir sie nur so erzürnen, dass sie uns das Wichtigste im Leben genommen hat." Beide weinten fürchterlich.
„Na, bitte", dachte das Gespenst, „wieder zwei Heulende. Aber die beiden geben wunderbare Eltern ab!" Mit einer sanften Landung auf dem Eichentisch legte es das Mädchen ab, so dass es zwischen den beiden Erwachsenen zu sitzen kam.
„Ich präsentiere: Die perfekte Tochter", verkündete das Gespenst und verbeugte sich tief vor dem Grafen und seiner Frau. Die beiden staunten nicht schlecht, als das zarte Kindlein auf ihrem Tisch saß und sie mit großen braunen Augen anstarrte. Da regte sich etwas im Herzen der Mutter, und sie erkannte ihr Kind: Es war ihr eigenes gestohlenes Töchterlein. Nie würde sie den Blick dieser Augen vergessen. „Meine Tochter, du bist es! Du bist zu uns zurückgekehrt!" Alle drei fielen sich in die Arme, und es war, als ob sie sich viele Tage nicht mehr loslassen wollten. Doch irgendwann räusperte sich das Gespenst, worauf der Graf ausrief: „Du bist das beste und wichtigste Gespenst, das jemals auf dieser Erde gelebt hat. Du kannst für ewig auf unserer Burg bleiben!"
Das Gespenst hatte in kürzester Zeit alles erreicht, was es wollte: In einer der wichtigsten Burgen zu Hause zu sein und das liebenswürdigste Gespenst aller Zeiten zu werden – und das Ganze, ohne viel dafür geleistet zu haben: Es war eben ein Glücksgespenst!
So lebte es zufrieden auf Burg Neuenberge, die heute Schloss Burg heißt. Und solltest du bei einem Besuch ein leises Heulen hören, dann weißt du, dass unser Gespenst das Spuken doch noch nicht ganz aufgegeben hat ...

Tour 3

Startpunkt

Zwischenziele

Parkplatz

Haltestelle

Zielpunkt

Gastronomie

Sehenswürdigkeit

Fähre

Kulturstätte

Aussichtspunkt

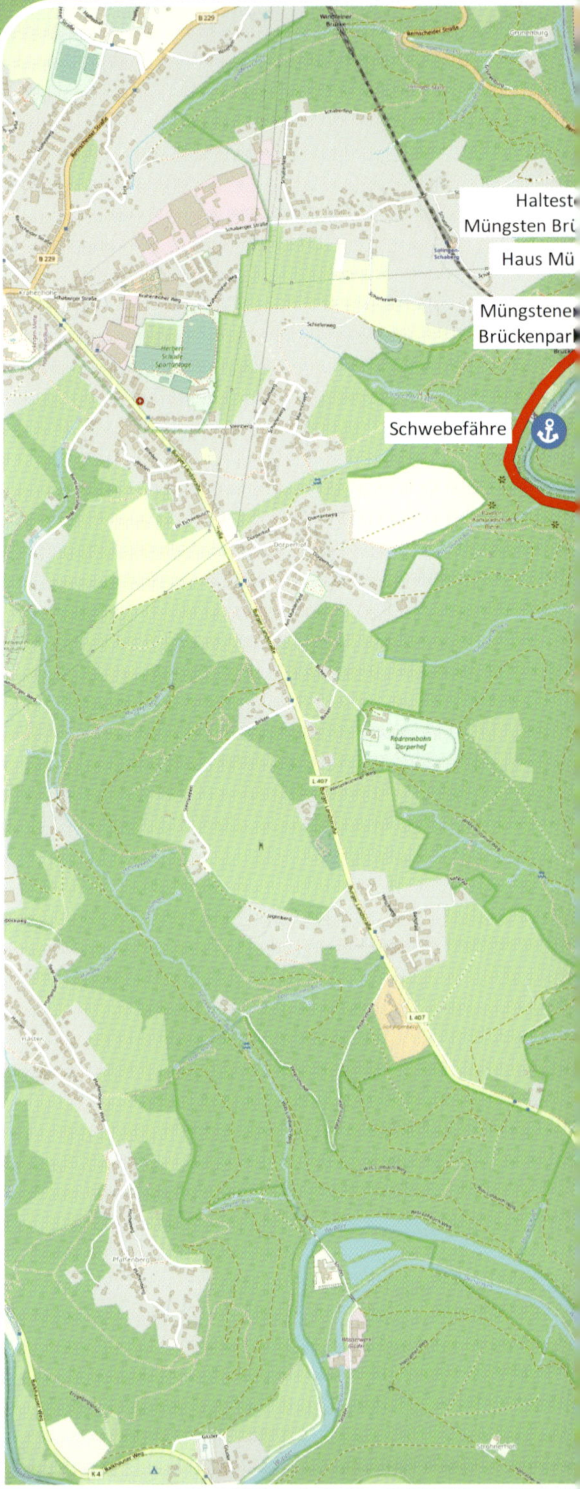

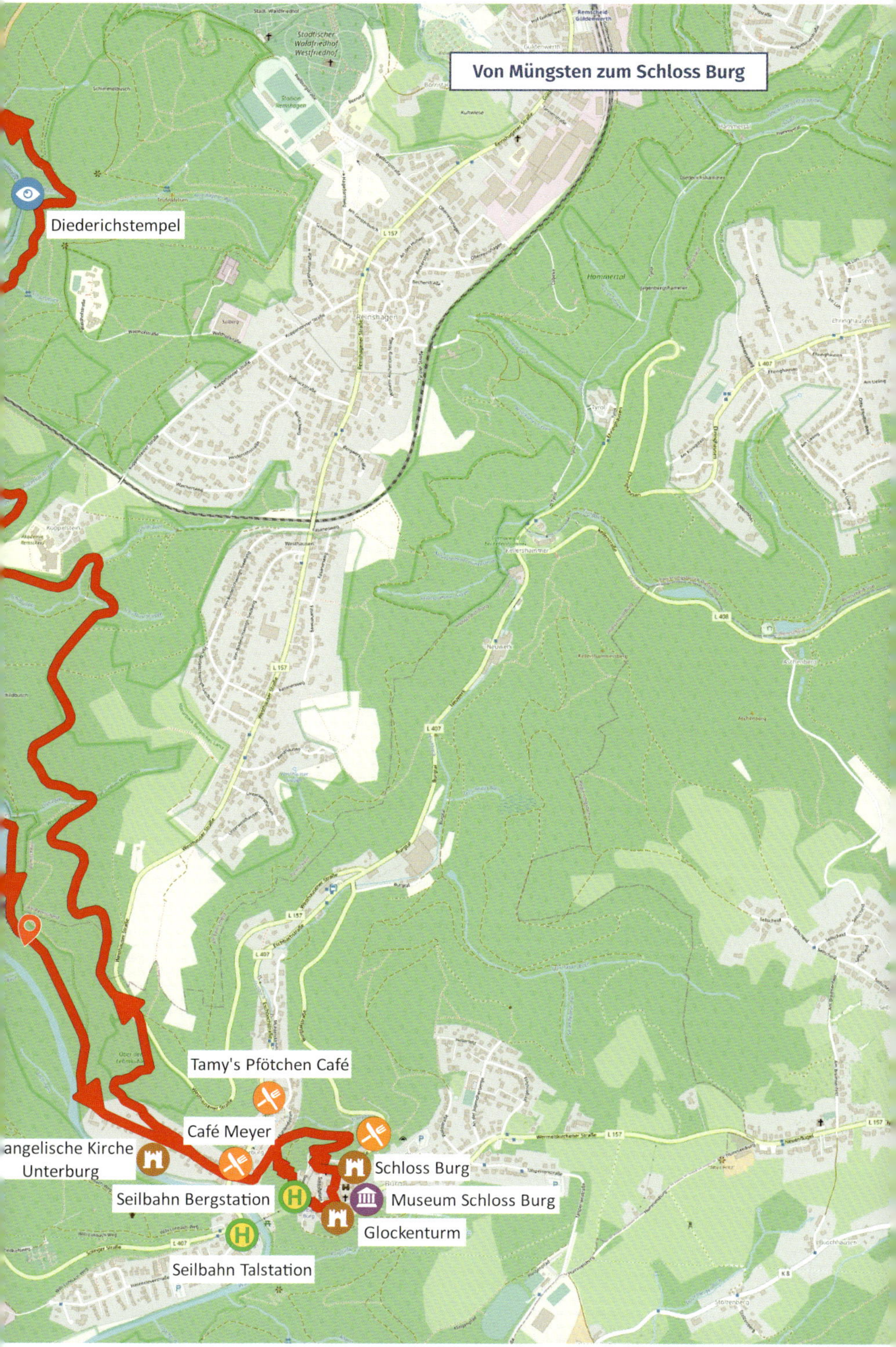
Von Müngsten zum Schloss Burg
Diederichstempel
Tamy's Pfötchen Café
Café Meyer
angelische Kirche Unterburg
Schloss Burg
Seilbahn Bergstation
Museum Schloss Burg
Glockenturm
Seilbahn Talstation

Der Gesang des Wassers

Bachtäler bei Leichlingen

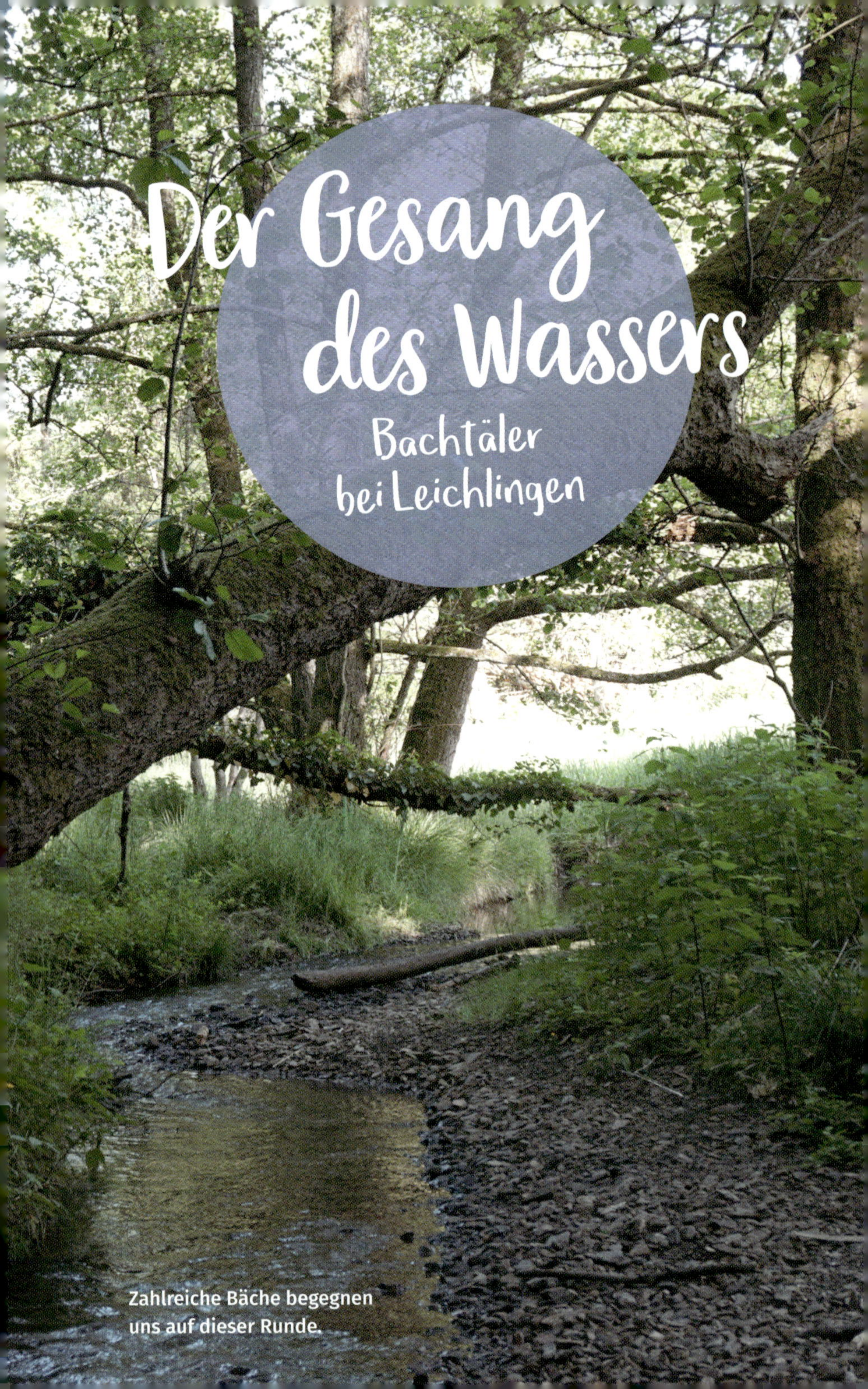

Zahlreiche Bäche begegnen uns auf dieser Runde.

Vielleicht erhaschen Sie ja einen Blick auf die Elfen am Heribertsborn oder hören wenigstens ihren Gesang. Lauschen Sie auf jeden Fall und Sie werden belohnt werden, das können wir Ihnen reinen Gewissens versprechen. Denn auf dieser Runde bewegen wir uns fast immer in irgendeinem Bachtal, wir überqueren die Höhen nur, um ins nächste Tal hinunterzuwandern, und überall begleitet uns das Rauschen und Plätschern, das Gurgeln und Gluckern des Wassers. Allein das macht diese Runde zu einer ganz besonderen. Dazu kommen bei klarer Sicht weite Aussichten ins Rheinland und märchenhafte Wälder, in denen wir uns niemals wundern sollten, wenn wir die drei Elfen zu Gesicht bekämen ...

Tour 4

3:30 Std. | 12 km | 239 m

Start/Ziel: Grundschule Bennert, Oberschmitte 11, 42799 Leichlingen
Parken: Oberschmitte, 42799 Leichlingen
Wegbeschaffenheit: breite Forstwege, schmale Waldpfade, am Anfang und am Ende kurze Strecken über Asphalt
Anreise mit ÖPNV: Bushaltestelle Oberschmitte

Wegbeschreibung: Gegenüber dem Eingang zum Schulhof der Grundschule Bennert gehen wir auf der Straße „Oberschmitte" und folgen dem ausgeschilderten „Obstweg", der hier auch mit einem x markiert ist. Das Sträßchen führt uns hinunter bis nach Leysiefen, wo wir uns vor dem Fachwerkhaus nach rechts wenden und gleich hinter dem Grundstück nach links ins Naturschutzgebiet wandern. Hinter einer Bank befindet sich links von uns die Ruine der alten Höhenburg, der Motte Zoppesmur. Ihre Grundmauern sind hinter dem tiefen Graben auf dem Turmhügel noch gut zu erkennen. Unsere Route folgt dem Weg hinunter ins Tal der Wupper, vor dem Fluss wenden wir uns nach rechts.

An einigen Häusern vorbei erreichen wir Haus Fähr. Jenseits der Wupper liegt das Dorf Rüden, und wer mag, kann in den dortigen Gasthäusern einkehren. Unsere Route bleibt diesseits der Wupper, und wir wenden uns auf dem kleinen Sträßchen nach rechts, nur,

Am Weg

Motte Zoppesmur

Oberhalb des Dorfes Leysiefen liegen über einem tiefen Graben auf einem kleinen Hügel die Überreste einer alten Burg. Mauerreste lassen ihre Anlage bis heute erkennen. Wahrscheinlich ist, dass das bergische Rittergeschlecht Zobbe diese Motte errichtete. Als Motte werden auf künstlich angelegten Erdhügeln errichtete Turmburgen bezeichnet, diese hier, die Motte Zoppesmur, ging urkundlich verbrieft im Jahr 1280 an den Grafen von Berg. Dieser besaß auch das nahe gelegene Haus Nesselrath und benötigte die Motte nicht, weswegen sie offenbar schon bald darauf verfiel. Wer sich dem alten Gemäuer nähert wird sich nicht wundern, dass es allerlei Räubergeschichten gibt über den versteckten Platz im Wald. Oder die Sage vom kecken Junker von Leysiefen, der den Elfen vom Heribertsborn beim Baden die Kleider raubte. Doch statt einen Blick auf die Schönheiten werfen zu können, verlor er zur Strafe das Augenlicht.

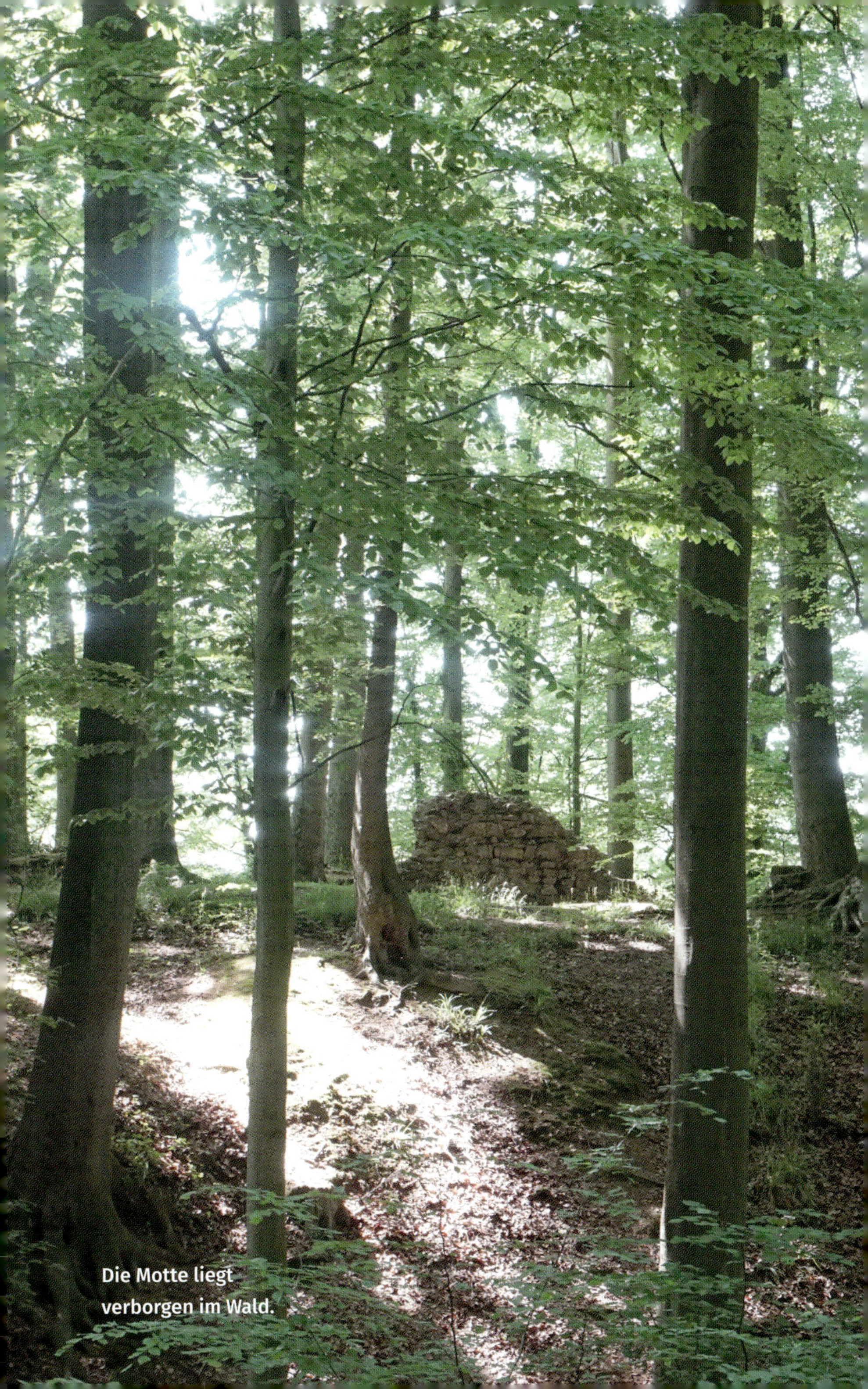

Die Motte liegt
verborgen im Wald.

Am Weg

Rüden

Woher der Name der kleinen Hofschaft an der Wupper kommt, ist nicht klar. Historisch betrachtet ist es leider sicher, dass er nicht mit der Legende zu erklären sein kann, der ganz in der Nähe das Denkmal eines Rüden gesetzt ist: Die handelnden Personen sind einfach jünger als die belegte Ortsbezeichnung. Dieser Rüde jedenfalls hat seinem Herrn, dem Jungherzog Robert von Berg, im Jahr 1424 das Leben gerettet. Robert war nämlich vom Pferd gefallen, wobei er sich schwer verletzt hatte, während die Jagdgesellschaft schon weitergezogen war. Der Rüde holte sie ein und drängte sie mit seinem Gebell zur Umkehr.

Mit oder ohne Rüden: Das Dorf beherbergt einige sehenswerte bergische Fachwerkhäuser und zwei Gaststätten.

um gleich links über die Brücke den kleinen Bach zu überqueren. Dahinter zweigen wir sofort rechts ab und folgen dem Bergischen Weg Richtung Burscheid. Wir gehen nun immer am Heribertsbach entlang bis zu seiner Quelle, die leider für uns unerreichbar im Naturschutzgebiet liegt.

Auf der Höhe angekommen wenden wir uns auf der Straße für ein kurzes Stück nach links. 200 Meter weiter biegen wir rechts ab auf die Straße „Sankt Heribert". Hier haben wir den höchsten Punkt unserer Wanderung erreicht und bei klarem Wetter weiten Blick ins Rheintal und bis zur Eifel. Wir setzen unseren Weg fort, indem wir an der nächsten Kreuzung rechts abbiegen.

Hinter einigen Häusern liegt links in der Senke der Quellbereich des nächsten Bachs. Nach dem letzten Grundstück wenden wir uns schräg links und folgen wieder wir dem Bergischen Weg, nun Richtung Bremersheide. Der schmale Pfad führt uns hinunter zum Bach und jenseits der kleinen Brücke wieder hinauf und auf der Böschung weiter.

Nun braucht es ein bisschen Aufmerksamkeit: Bevor der Weg durch eine Senke führt, zweigt nach rechts der Leichlingen-Rundweg, das L in einem Kreis, fast im rechten Winkel nach rechts ab. Bei unserem letzten Besuch, war hier allerdings wegen zahlreicher umgestürzter Bäume kein Durchkommen.

Also gehen wir geradeaus durch die oben genannte Senke und lassen uns bis zum Querweg leiten, wo wir rechts abbiegen. Nach einer engen Linkskurve verlassen wir gegenüber einer Bank den asphaltierten Weg scharf rechts.

An der Forellenzucht erreichen wir eine Straße. Links gegenüber verlassen wir den Bergischen Weg, indem wir wiederum einem Bach folgen. Markiert ist diese Route mit A 4. Wir wandern durch das Tal und über die Kreuzung hinweg, immer begleitet vom fröhlichen Plätschern des Wassers. Auch die nächste Abzweigung nach rechts ignorieren wir. Direkt dahinter führt der geschotterte Weg nach links über eine schmale Brücke. Wir bleiben aber rechts des Bachs und gehen geradeaus auf dem schmalen Fußpfad weiter und wenden uns bald danach nach rechts auf den breiten Querweg, der mit A 2 ausgewiesen ist. Auch bei der nächsten Gelegenheit wenden wir uns nach rechts.

In einer Linkskurve folgen wir dem A 2 bergauf, nun fort vom Bachlauf. Auf der Höhe gelangen wir schließlich an eine breite Kreuzung, wo wir nach rechts bis zu einer Straße gehen. Diese überqueren wir und halten uns an der Gabelung links. So erreichen wir das nächste Bachtal, wo wir uns nach rechts wenden.

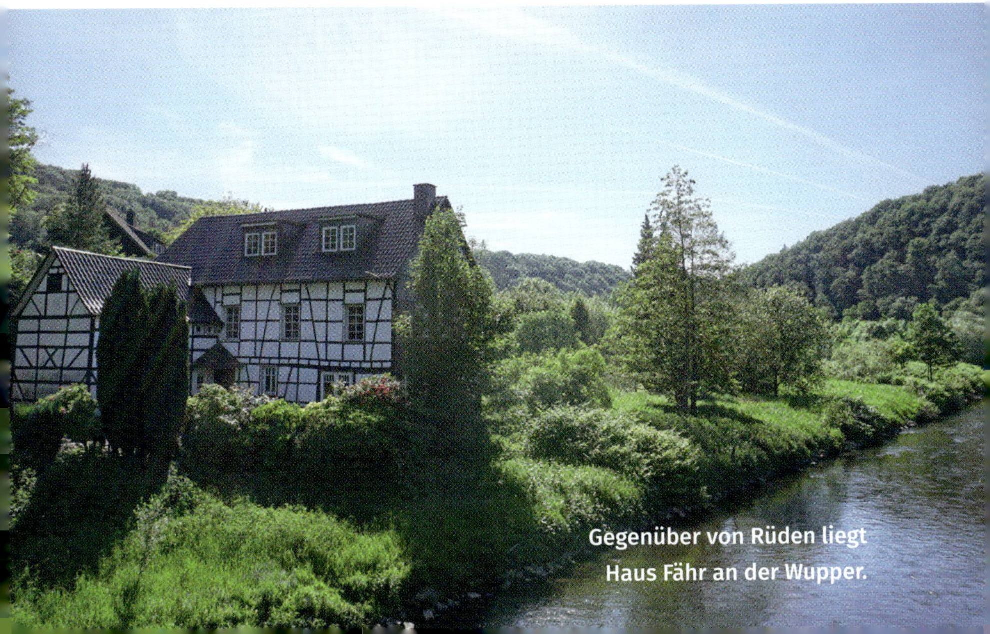

Gegenüber von Rüden liegt Haus Fähr an der Wupper.

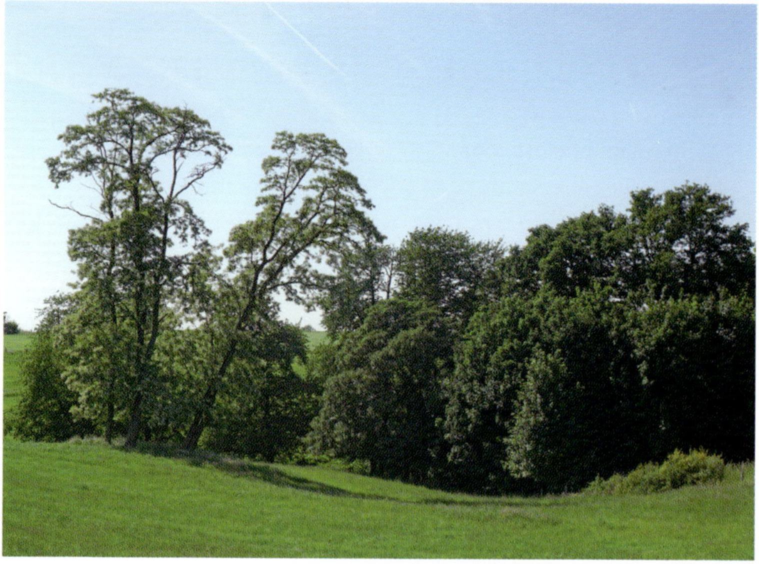

An dieser Stelle tanzen in Vollmondnächten die Elfen.

An der Gabelung wechseln wir über den Steg auf die andere Seite und wandern auf dem A 2 weiter. So kommen wir an einer wunderschönen restaurierten Mühle vorbei und wandern über „Schmerbach“ auf das Dorf Bergerhof zu. Jenseits der Straße gehen wir schräg links weiter auf „Bergerhof“. Vor dem kleinen Fachwerkhaus folgen wir den Markierungen nach rechts. Mit Blick ins Rheintal wandern wir übers Feld nach Bennert.
Dort folgen wir der Straße nach rechts ins Dorf bis zum Bennerter Obstweg. In diesen links und hinter den Garagen gleich rechts abgebogen gelangen wir zum Schulgelände und an diesem entlang zum Ausgangspunkt in Oberschmitte zurück.

Gastronomie

Haus Rüden, Untenrüden 39, 42657 Solingen, Telefon 0212/818658, www.haus-rueden.eatbu.com
Rüdenstein, Oberrüden 72, 42657 Solingen, Telefon 0212/812314, www.ruedenstein.de

Der blinde Junker von Burg Leysiefen

Wo heute nur noch ein paar Grundmauern auf dem kleinen Hügel zwischen Dorf und Wupper stehen, lebte einst ein junger Herr, der alles hatte und doch niemals genug. Davon wird bis heute erzählt …

Es war einmal auf der Burg Leysiefen ein adeliger junger Mann, der nicht nur sehr verschwenderisch lebte, sondern auch ein wahrer Tunichtgut war. Nun war das aus seiner Sicht nicht schlimm, denn da er aus einer reichen Adelsfamilie stammte und über eine ganze Region herrschte, entschied er über Recht und Unrecht. Und so trieb er, was er wollte, und alle mussten ihm zu Diensten sein. Er war ein rechter Tyrann.

Zur selben Zeit aber ging die Geschichte durch den Ort, dass es am Heribertsborn drei elfengleiche, strahlende Jungfrauen gäbe, die sich in jeder Vollmondnacht trafen, um ein geheimes Bad in der Quelle zu nehmen. Demjenigen, dem es gelänge, die durchsichtigen Kleider der drei Lichtelfen zu stehlen, werde ewiges Glück beschieden sein. Auch dem Junker kam dieses Gerücht zu Ohren, und da er niemals genug bekommen konnte, wollte er den Jungfrauen ihre Kleider entwenden.

In diesen Tagen lebte am Büscherhof die junge Bauerstochter Trine, die ein schweres Leben hatte – wie das für die meisten Menschen so üblich war zu dieser Zeit. Von morgens bis abends war sie auf den Beinen, um ihren Eltern zu helfen, die hohen Lehensabgaben an den jungen Herren von Leysiefen aufzubringen.

Um sich von der schweren Arbeit zu erholen, ging die junge Frau manchmal allein durch den Wald zwischen Leichlingen und Witzhelden, setzte sich an die heilsame Quelle und träumte davon, zu heiraten und ein glückliches Leben zu führen.

So ergab es sich in einer Vollmondnacht im August, dass sich der Herr von Leysiefen, die Bauerstochter Trine und die drei Fräulein – ohne voneinander zu wissen – an der Quelle aufhielten. Die drei Jungfrauen schwebten engelsgleich aus dem Wald, nahmen ihr monatliches Bad und vergnügten sich gar fröhlich im Wasser.

Der Junker versteckte sich hinter den dichten Sträuchern, und Trine saß auf einem Baum und schaute aus ihrer erhöhten Position auf den Weiher.

Der junge Adelige war geblendet vom lieblichen Anblick der jungen Frauen, Trine war fasziniert von deren hellem Schein, und die Jungfrauen genossen einfach nur das erfrischende Bad. Als sie dieses beendet hatten, schwebten sie auf die Wiese, hängten ihre Elfenkleider zum Trocknen an die Haselsträucher und legten sich ins weiche Moos, um ein Schläfchen zu halten.

Doch sobald sie friedlich schlummerten, kam auch schon der Junker aus dem Wald geschossen, hielt auf die Kleidung zu und wollte sie gerade schnappen, als die junge Trine auf ihrem Baum einen lauten Schrei von sich gab. So schnell konnte man gar nicht schauen, wie die drei Jungfrauen zu ihren Kleidern flogen, sie packten und im nächtlichen Nass der heiligen Quelle verschwanden.

Der Junker aber blieb verdutzt stehen, als sich in diesem Augenblick eine gewaltige Woge aus dem mondhellen See erhob und über den Burschen schwappte, der im Nu auf den Boden fiel und bewusstlos liegen blieb.

Geschwind sprang Trine von ihrem Baumlager hinunter und lief dem ohnmächtigen Mann zu Hilfe, denn sie hatte in ihm den Herren der Burg Leysiefen erkannt. Sie rüttelte ihn und redete auf ihn ein, und da schlug der junge Mann seine Augen auf – doch diese waren trüb und blind, denn das Wasser der Quelle hatte ihm das Augenlicht genommen. Verwirrt und hilflos ließ er sich von der jungen Bäuerin zurück in sein Schloss begleiten.

Am nächsten Morgen saßen vor Trines Kammer drei Vöglein, viel herrlicher noch an Farbe als Goldammer, Eichelhäher und Eisvogel. Von da an war die junge Frau dem Glück geweiht, das sich der Junker hatte erstehlen wollen.

Die Zeit verging, Trine heiratete, gebar sechs Kinder: drei Mädchen und drei Jungen. Und zur Taufe eines jeden Kindleins kamen die drei Fräulein und brachten Glück und Segen ins Haus.

Anders erging es dem erblindeten Herrn der Burg Leysiefen. Er alterte rasch, fand niemals eine Frau, war abhängig von seinen Untertanen, die ihn nicht gut behandelten, da sie sich für all seine früheren Quälereien rächten. Sein ganzes Geld, die Ländereien, Wälder, Felder und Edelsteine halfen ihm nichts: Er blieb einsam und hilflos zurück.

Die Bäuerin und ihre Familie jedoch wurden reichlich beschenkt. Ein jedes Kind bekam ein Präsent: der erste Knabe eine Flöte, welche die Waldvögel anlockte und sie zutraulich machte.

Der zweite Bursche bekam einen Bogen, aus dessen Sehne die Pfeile auch das fernste Ziel erreichen konnten. Der dritte schließlich erhielt ein Netz, das aus der Wupper die größten und edelsten Fische fing.

Und die drei Mädchen: Die erste erhielt ein Spinnrad, das die feinsten Fäden spann, die zweite bekam einen Webstuhl, der die herrlichsten Kleider webte, und die Dritte wurde mit einem Spiegel gesegnet, der ihr sagte, was die Menschen um sie herum dachten.

Man kann sich vorstellen, dass es im Hause der Bäuerin Trine auf dem Oberbüscherhof nie einen Tag gab, an dem nicht Glück und Zufriedenheit herrschten. Die Ernte war immer reich, das Vieh wohlgenährt und die Familie gesund.

Da sie ein guter Mensch war, teilte sie ihren Segen mit denen, die weniger hatten. Und dies vermehrte ihr Glück noch, denn sie war eine angesehene und beliebte Frau. Im Laufe der Zeit wuchs rund um den Oberbüscherhof ein ganzes Dorf. An die drei Jungfrauen vom Heribertsborn erinnert noch heute eine Quelle versteckt im Wald und der Flurname „Am Juffernplatz“. In manchen Vollmondnächten sieht man sie auch heute noch, in ihren durchsichtigen Gewändern, wie sie an der Quelle ihr geheimes Bad nehmen.

Tour 4

- Startpunkt
- Zwischenziele
- Parkplatz
- Haltestelle
- Zielpunkt
- Gastronomie
- Sehenswürdigkeit
- Naturerlebnis

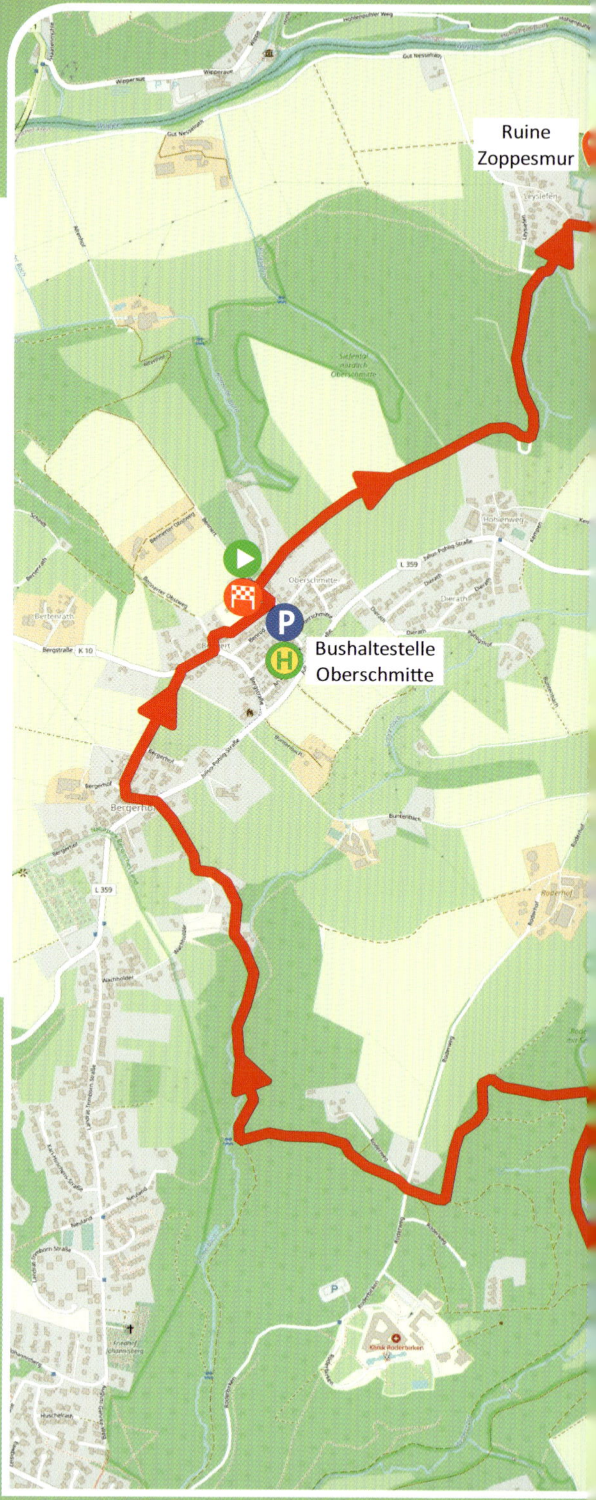

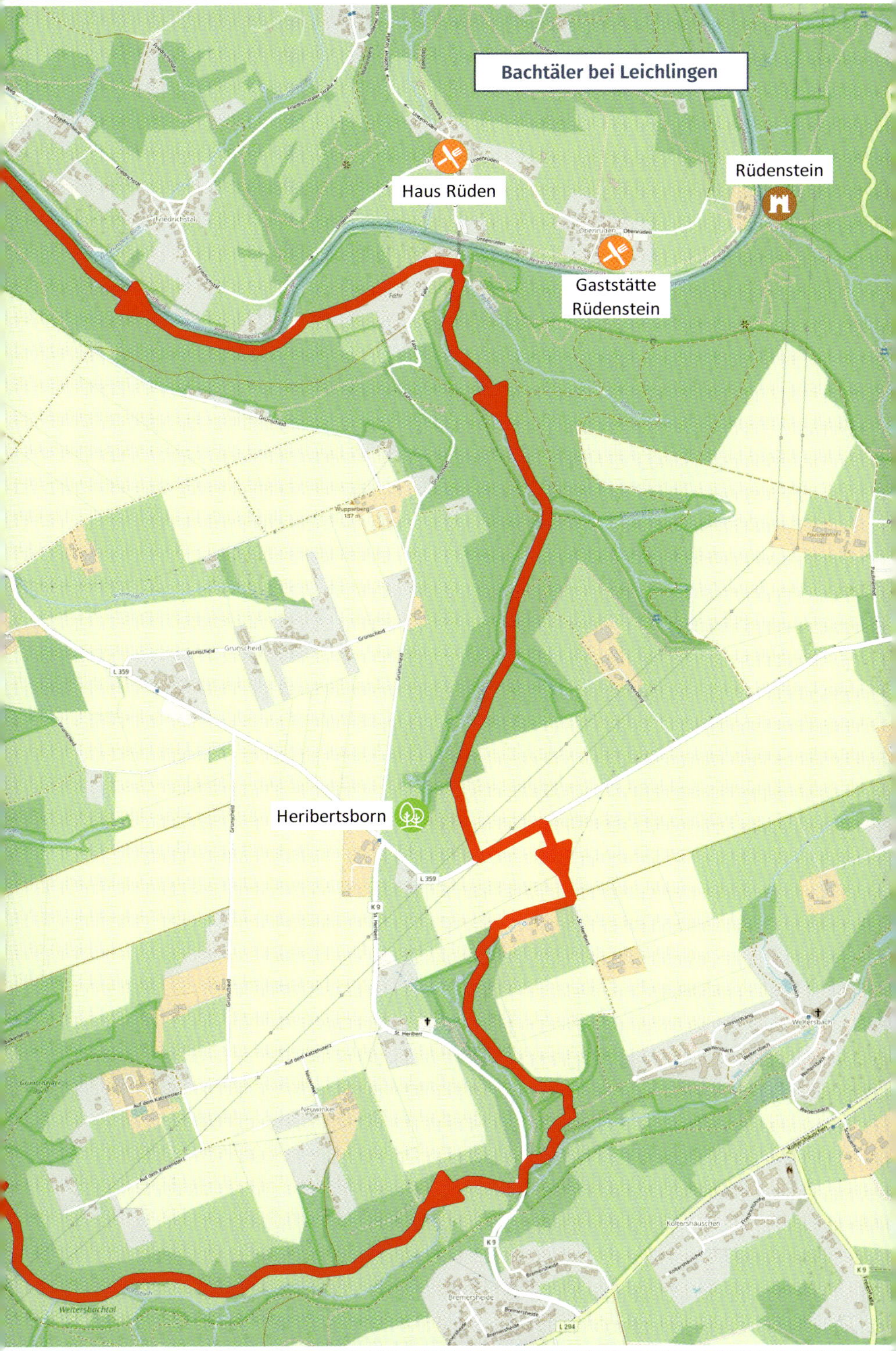
Bachtäler bei Leichlingen
Haus Rüden
Rüdenstein
Gaststätte Rüdenstein
Heribertsborn

An der Wiege des Bergischen Landes

Vom Altenberger Dom durchs Eifgenbachtal

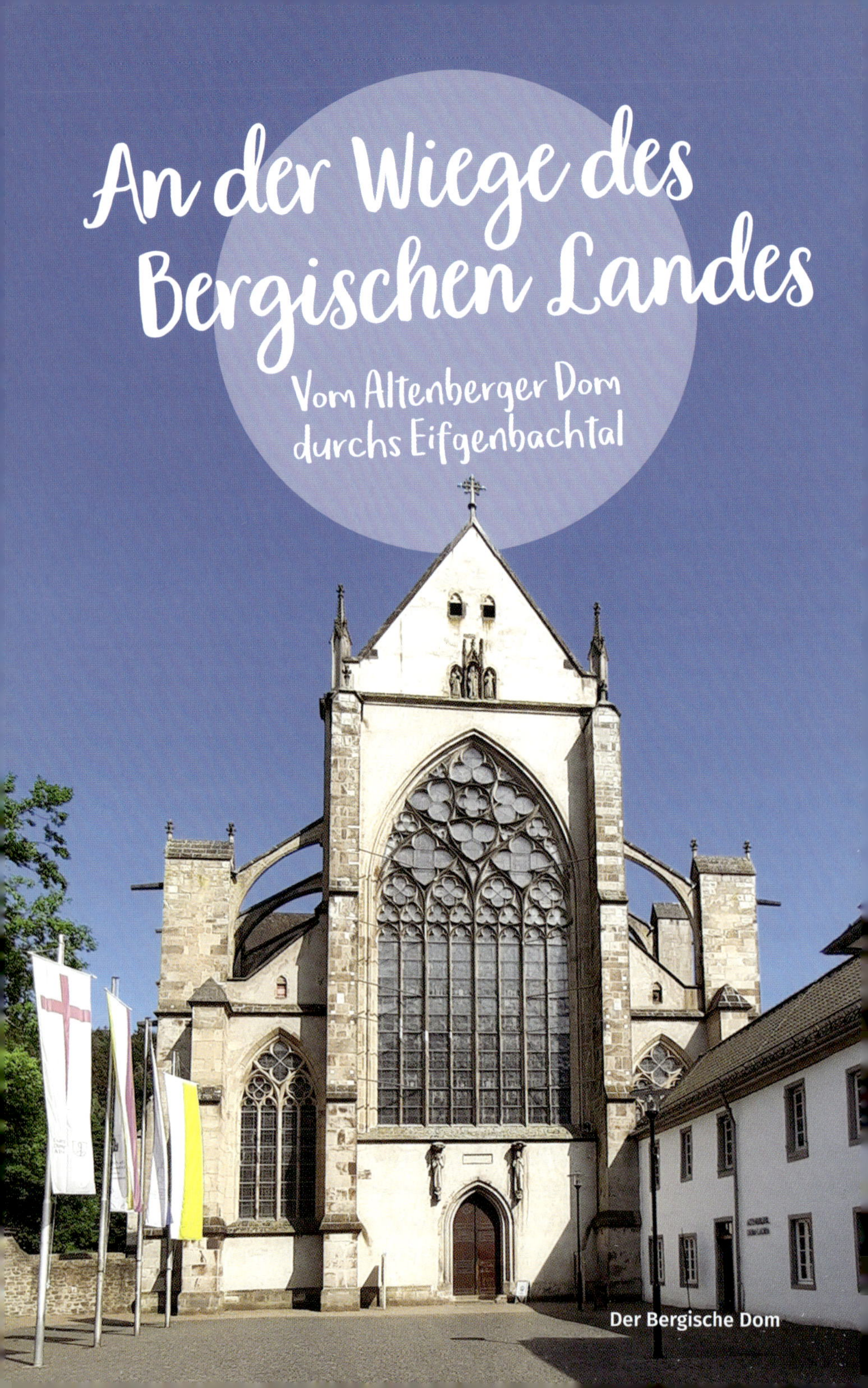

Der Bergische Dom

Hier liegt der historische und der religiöse Ursprung der ganzen Region, hier baute das Geschlecht derer von Berg ihre erste Burg und die Zisterzienser ihr Kloster: Der Altenberger Dom lockt bis heute mit seiner Pracht und seiner malerischen Lage. Aber damit nicht genug: Hier gibt es immer noch Relikte des „Bergischen Meeres", das Millionen Jahre alte Spuren hinterlassen hat und gleich darüber auf dem Sporn einen alten, wahrscheinlich schon zu vorgeschichtlichen Zeiten besiedelten Platz, der heuten Eifgenburg heißt. Das Tal des gleichnamigen Baches ist von bezaubernder Schönheit. Die Rundwanderung führt bei Limmringhausen aussichtsreich über die Höhe und durch das Dhünntal zurück.

Tour 5

4:00 Std. | 12,5 km | 140 m

Start/Ziel: Altenberger Dom, Eugen-Heinen-Platz 2, 51519 Odenthal-Altenberg
Parken: Parkplätze Märchenwald oder Rösberg (am Wochenende sehr voll)
Wegbeschaffenheit: Der Hinweg führt ausschließlich über Waldpfade. Auf dem Rückweg wechseln sich Asphalt- und breite Schotterwege ab.
Anreise mit ÖPNV: Bushaltestelle Odenthal-Altenberg
Besonderheit: Das Sommerhochwasser 2021 hat im Eifgenbachtal eine kleine Brücke zerstört. Am besten erkundigen Sie sich in der Tourist-Information in Altenberg, ob sie bereits wieder errichtet ist. Wenn nicht: Entweder Schuhe und Strümpfe ausziehen und hinüberwaten oder der beschriebenen Umgehung über den Forstweg folgen.

Wegbeschreibung: Gegenüber dem Portal des Doms starten wir diese Runde durch das Tor neben dem Altenberger Hof. Dahinter wenden wir uns nach rechts Richtung Eifgenbachtal auf dem „Märchenwaldweg". Gleich links befindet sich der Aufstieg zum Aussichtsplatz „Prinzenblick", unsere Route führt uns aber weiter am Fluss entlang.

Hinter dem Märchenwald gehen wir links und dann links der Dhünn weiter. Wo wir gegenüber der Straße direkt auf ein Gewässer treffen, haben wir schon den Eifgenbach vor uns, der ein kleines Stück weiter rechts in die Dhünn mündet.

Nach links weitergewandert überqueren wir die zweite der beiden Brücken und bleiben links des Baches. Wo es die erste Möglichkeit gibt, nach rechts abzubiegen, verlassen wir den breiten Weg und folgen dem Pfad am Bach entlang. Auch dort, wo es links wieder zum Forstweg geht, können wir rechts wieder hinuntergehen und nah am Gewässer bleiben.

An der Gabelung unterhalb einer Waldschneise wenden wir uns nach links. Es folgt eine weitere Gabelung, an der wir uns wieder entscheiden, nah am Wasser zu bleiben.

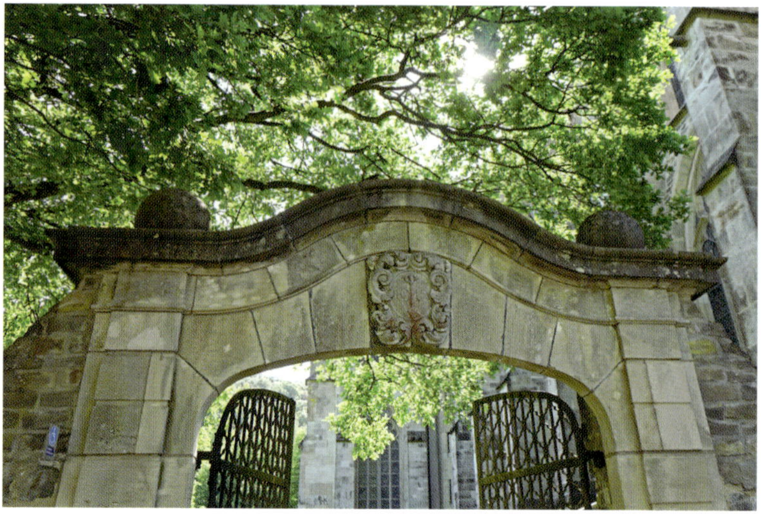

Eingang in den Klostergarten

Am Weg

Bergisches Meer

Unvorstellbare 350 Millionen Jahre vor unserer Zeit war das heutige Bergische Land von einem tropischen Meer bedeckt. Zu erkennen ist dies immer noch an einem Felsen im Wald: Die Wellenmuster sind hier in einer fast senkrechten Sandsteinplatte eingeprägt. Sie wurde bei der Entstehung des Rheinischen Schiefergebirges vor mehr als 300 Millionen Jahren aufgefaltet und in ihre senkrechte Position gebracht. Der Rheinische Ozean, der sich in den Sandsteinen verewigt hat, verschwand durch den Zusammenschluss der Urkontinente Gondwana und Laurussia zum riesigen Kontinent Pangäa.

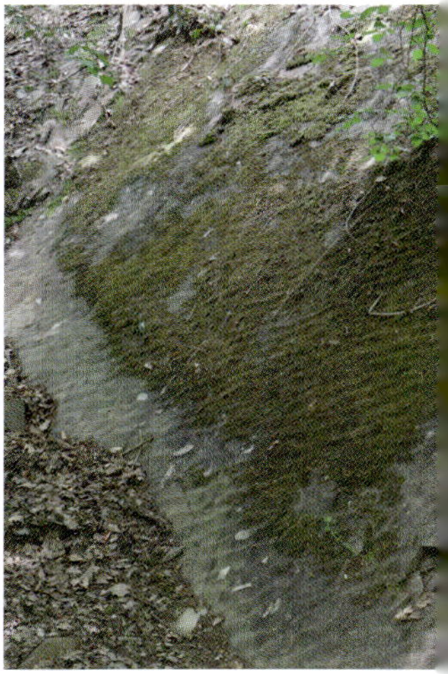

Vor 30 Millionen Jahren gewann das Bergische Land noch einmal an Höhe durch die Absenkung des Niederrheinischen Grabens. Flüsse und Bäche bildeten tiefe Täler wie auch das Sohlenkerbtal der Dhünn.

Dann begann das, was immer passiert: Was in die Höhe wächst, wird von Wind und Wasser sehr langsam wieder abgetragen, und so kamen die Gesteine Grauwacke, Tonschiefer und Sandstein zutage. Auch die Zisterzienser nutzten Grauwacke zum Bau der Klostermauern in Altenberg, und der Sandstein ist seit Jahrhunderten das beliebteste Baumaterial des Bergischen Landes.

Schließlich schwenken wir nach rechts in den Hauptweg ein und kommen zuerst an einem sehr interessanten geologischen Phänomen vorbei, dem Bergischen Meer. Gleich dahinter stehen wir unterhalb der Eifgenburg, einem Bodendenkmal, wo einst im Frühmittelalter eine Burg und lange davor eine keltische Ringwallanlage gestanden haben.

Unsere Route führt im Tal weiter, und wir müssen als Nächstes vor einem Privatgrundstück links abbiegen und dann oben an der Kreuzung dem Zaun nach rechts folgen.

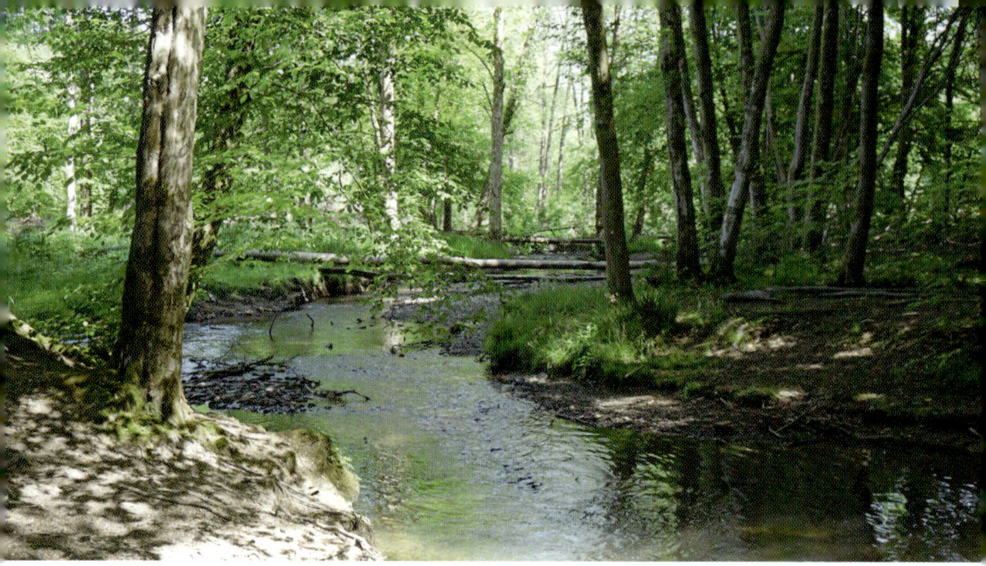

Am Eifgenbach

Nun wandern wir hinunter zum Bach, über die Brücke und dahinter links, also weiter am Wasser entlang. Dort, wo es wieder die Möglichkeit gibt, dieses Mal nach links auf einem Pfad ans Wasser zu gehen, verlassen wir den breiten Forstweg. Vor dem Bach wenden wir uns direkt am Wasser nach rechts.

Achtung: Das Sommerhochwasser 2021 hat die kleine Brücke zerstört. Entweder Schuhe und Strümpfe aus und hinüberwaten oder auf dem breiten Forstweg bleiben, wir kehren später wieder auf ihn zurück.

Am Weg

Die Eifgenburg

Über dem Eifgenbach erhebt sich ein Sporn, auf dessen Haupt sich eine frühmittelalterliche Wallburg aus dem 10. Jahrhundert befunden haben soll. Ganz sicher ist es nicht, ob diese Anlage nicht schon viel älter ist und schon den heidnischen Völkern als Siedlung gedient haben könnte. Die Umstände wären perfekt gewesen: Wasser in greifbarer Nähe, fruchtbare Erde und sanfte Hügel und tiefe Täler, um sich und den Besitz bei Hochwasser oder Angriffen zu schützen.

Am Weg

Altenberger Dom und Kloster

Nicht umsonst wird der Altenberger Dom auch „Bergischer Dom" genannt, denn hier entstand die Geschichte des Herrschergeschlechts der Grafen und späteren Herzöge von Berg. Um 1133 kamen außerdem die Zisterzienser aus dem französischen Morimond und bauten aus der teilweise abgebrochenen Burg Berge ein Kloster. Die Grafen von Berg lebten da schon in Burg an der Wupper. Doch der Klosterbau wurde schnell gestoppt und ins Tal verlegt, wo das Wasser der Dhünn den Mönchen ermöglichte, ihren Bau- und Lebensvorschriften entsprechend Felder zu bewirtschaften, Obst- und Gemüsegärten anzulegen und Fischzucht zu betreiben.

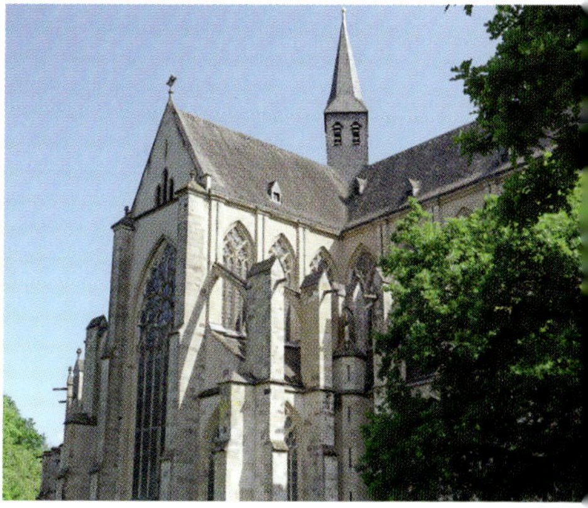

Der Bau des Doms erfolgte über mehrere Phasen, und erst 1379 wurde die Weihe des Prachtbaus gefeiert. Das Kloster wurde über die Jahrhunderte vom Erzbistum Köln reich beschenkt, so dass sich die Ländereien bis ins 16. Jahrhundert hinein auch auf die linke Rheinseite erstreckten. Dieser Reichtum riss allerdings mit der Säkularisation abrupt ab: Viele Kunstschätze wurden verkauft, zwei Drittel der Ländereien ebenso, und die Gebäude ließ man einfach verfallen – ein Brand im Jahre 1815 tat sein Übriges. Im Jahr 1847 jedoch wurde mit den ersten Wiederherstellungsarbeiten an Dom und Klostergebäude begonnen. Nicht nur seine Lage mitten im Wald, sondern auch seine ökumenische Nutzung ist außergewöhnlich: Seit 1857 teilen sich die katholische und die evangelische Pfarrgemeinde die heiligen Hallen. Und außerdem befindet sich im Dom immer noch die Grablege der Grafen von Berg.

Der Dom ist täglich von 8.30 bis 18 Uhr zugänglich, der Buchladen am Dom hat montags bis sonntags von 10 bis 18.30 geöffnet, Eugen-Heinen-Platz 2, 51519 Odenthal-Altenberg, Telefon 02174/419930

Auf der anderen Seite der kleinen Brücke gehen wir rechts. Bald biegen wir auf dem Eifgenbachweg bleibend über den kleinen Bachlauf nach rechts ab und bleiben im Tal, wo der Weg geradeaus leicht ansteigt. Noch einmal überqueren wir eine Brücke und wandern auf dem markierten Wanderweg bergauf bis zum Forstweg. Der breite Weg ist der, auf dem wir kommen würden, wenn wir vorher die zerstörte Brücke umgangen hätten. Dort biegen wir links ab und kurz darauf rechts Richtung Limmringhausen.
Noch vor der Landstraße wenden wir uns auf dem Asphaltweg nach links, um dann sobald es geht nach rechts abzubiegen. Die Straße überqueren wir und folgen der kleinen Asphaltstraße in Richtung Maria in der Aue.
An dem ehemaligen Ausflugslokal und am Waldcafé am Brunnenhaus vorbei erreichen wir wieder die Dhünn. Jenseits der Brücke wenden wir uns nach rechts und wandern am Bach entlang, bis wir ihn auf einer kleinen Straße erneut überqueren. Nach der Rechtskurve kann man sowohl auf der Straße als auch rechts daneben im Wald wandern.
Am Parkplatz wenden wir uns auf dem Radweg nach links. Er führt uns bis zur Abzweigung zum Altenberger Dom und am Malerwinkel vorbei zurück.

Gastronomie

Altenberger Hof, Eugen-Heinen-Platz 7, 51519 Odenthal-Altenberg, Telefon 02174/4970, www.altenberger-hof.de
Küchenhof, Carl-Mosterts-Straße 1, 51519 Odenthal-Altenberg, Telefon 02174/4141-3, www.kuechenhof.com
Märchenwald-Café, Märchenwaldweg 15, 51519 Odenthal-Altenberg, Telefon 02174/7842323, www.maerchenwald-altenberg.de
Kiosk am Märchenwald, am Märchenwaldparkplatz
Kiosk an der Bushaltestelle
Waldcafé im Brunnenhaus, In der Aue 2, 42929, Wermelskirchen, Telefon 0170/4886282, www.brunnenhaus.eu

Die Wetterhexe am Elfenbach

Heißt der Bach Elfen- oder Eifgenbach? Obwohl im Bergischen Land gelegen erinnert der Bach an den im griechischen Epirus fließenden Acheron. Von diesem heißt es, er sei der mythische Fluss Styx, der zwischen den Welten fließt. Wer ihn überquert, kommt auf die andere Seite allen Seins. Ist der Elfenbach auch so ein mythischer Fluss? Auf jeden Fall hat sich an ihm ein Märchen entsponnen, das wir euch erzählen möchten.

Es war einmal eine unglückliche junge Frau. Sie wand sich unter ihrer Einsamkeit und fragte sich jeden Tag: Warum bin ich anders als die anderen Mädchen? Warum möchte ich mich nicht zu ihnen in den Kreis setzen und an den Geschichten erfreuen? Warum will ich lieber in den Wald gehen und dem Gesang des Windes lauschen? Sie wusste, dass etwas geschehen musste. Aber da sie die Tochter des Sippenführers war, konnte sie sich niemandem anvertrauen und musste immer mit gutem Beispiel vorangehen. Eines Tages sah sie keinen anderen Ausweg mehr und lief davon.

Kaum hatte sie sich von ihrem Dorf entfernt, fühlte sie sich glücklich: Alle Ängste, Zweifel und Unsicherheiten wichen von ihr. Als es Abend wurde und die Dämmerung hereinbrach, legte sie sich auf den weichen moosigen Waldboden und schlummerte zufrieden ein. Die Geräusche der Tiere, der Pflanzen und des Windes wiegten sie in den Schlaf. Morgens erwachte sie mit den ersten Sonnenstrahlen. Sie wusch sich im Fluss, kämmte ihr Haar mit einem Zweig, sammelte ihre wenigen Habseligkeiten auf und ging dem Bachlauf entlang weiter. Sie jagte hinter Schmetterlingen her, ahmte die Bussarde in der Luft nach und war so eins mit der Natur, als wäre sie ein Teil davon. An einer sprudelnden Quelle angekommen beugte sie sich hinab, um einen Schluck zu nehmen, als plötzlich ein altes Weiblein vor ihr stand. „Guten Tag, Mütterchen. Wie geht es dir?" Die Alte nickte und erwiderte: „Ich brauche Hilfe in meinem Haushalt, es wird mir alles zu viel in letzter Zeit." Und da das Mädchen ein hilfsbereites Herz hatte, folgte sie dem Mütterchen über die Eibenholzbrücke auf die andere Seite des Elfenbachs. Dort

war plötzlich alles heller, strahlender und üppiger: der Himmel blauer, die Wiesen grüner und die Blumen bunter, als sie es je gesehen hatte.
Vor ihnen tat sich ein Häuschen aus feinstem Birkenholz auf. Die Tiere des Waldes waren darum versammelt, und die Vöglein sangen ihre Lieder auf dem Giebel. Da drehte sich das Weiblein um, und aus den grauen Lumpen schaute dem Mädchen plötzlich ein junges Gesicht entgegen. Eine einzige Geste – und aus den alten Kleidern wurde ein strahlendes Gewand: Vor ihr stand ein Elfenmädchen, mit spitzen Ohren und feinen Flügelchen. Sie schluchzte: „Mein Bruder wurde von einem bösen Hexer gefangen. Ich habe niemanden mehr außer ihm. Kannst du mir helfen?" Das Mädchen staunte nicht schlecht, dass auch Elfen Kummer haben konnten, und versprach zu helfen.
Also machten sich die beiden auf den Weg, den Elf zu suchen. Erst als es Abend wurde und sich ein dumpfer Nebel über den Wald legte, kamen sie an einen Hügel, auf dem eine düstere Burg stand. „Du bleibst hier. Ich gehe allein", flüsterte das Mädchen der Elfe zu und lief geschwind dem Eingangstor zu, an dem ein riesiger Rabe sie anfuhr: „Du hast keinen Einlass!" krächzte er: „Wenn du es trotzdem versuchst, dann hacke ich dir die Augen aus."
Da senkte das Mädchen instinktiv die Lider und wusste plötzlich, was zu sagen war: „Ich bin die Herrin über Regen, Donner und Blitz! Gewähr mir Einlass. Sofort!" Sie hob die Hand und schon erklang in der Ferne ein bedrohliches und tiefes Grollen.
Da neigte der Rabe sein Haupt und wie von Geisterhand öffnete sich das Tor. „Was willst du hier?" donnerte es durch die Mauern. Der Hexer erschien und reckte beide Hände in die Luft, als wolle er alle Mächte des Himmels beschwören. Unbeeindruckt trat das Mädchen einen Schritt näher und rief: „Ich bin die Herrin über Regen, Donner und Blitz! Ich will sofort den jungen Elfenmann sehen!" Dann riss sie den rechten Arm in die Höhe, und ein greller Blitz durchzuckte den Burghof. Beide

erschraken, das Mädchen genauso wie der Hexer. Doch sie fasste sich schnell, während der Hexer wie angewurzelt stehen blieb. Mit einer Geste ließ das Mädchen eine kleine Wolke entstehen, die sich alsbald wie ein Wasserfall über dem Haupt des Hexers ergoss. Laut schimpfend versuchte er, der Wolke zu entkommen, und rannte kopflos davon.
Aus dem Keller waren nun Rufe zu hören. Eilig stürmte sie die Stufen hinunter. „Ich bin hier, um dich zu befreien", rief sie dem Elf zu und öffnete die Kerkertür mit einem kleinen Blitz, den sie aus ihrer Hand entstehen ließ. Das Schloss sprang auf und der Junge schlüpfte hindurch. „Der Zauberer hat meine Flügel. Ohne sie bin ich nichts", rief er verzweifelt. Da schloss das Mädchen die Augen, und wieder wusste sie instinktiv, was zu sagen war: „Ich bin die Herrin über Regen, Donner und Blitz. Bringt die Elfenflügel zu mir! Sofort!"
Da kamen zwei Eulen geflogen, in ihrem Schnabel die seidigen Elfenflügel. Sanft legten sie einen nach dem anderen an den Rücken des Elfs und sofort verschmolzen sie mit seiner hellen Haut.
„Nichts wie weg hier", schrie er, als er wieder fliegen konnte, packte das Mädchen und flog mit ihr aus dem Kerker, bis ans Ende des Hügels, wo sie auf seine Schwester trafen. Gemeinsam kehrten sie ans Ufer des Elfenbachs zurück. Schnell war die Geschichte seiner Rettung erzählt, und die Elfe jubelte freudig: „Du bist die Wetterhexe! Ich wusste es, als ich dich im Wald sah." Obwohl das Mädchen ja gerade gesehen hatte, zu was es im Stande war, war es dennoch überrascht von dieser Enthüllung. Es erinnerte sich an die Worte ihrer Großmutter: „Es wird eine Hexe kommen, die ist mächtiger als alle anderen." Dabei hatte sie ihr immer verschwörerisch zugezwinkert. Doch niemals hätte das Mädchen, das sich so anders als alle anderen gefühlt hatte, gedacht, dass sie diese Hexe wäre. Doch mit der Freude kam auch das Wissen darüber, dass sie von diesem Tag an eine große Verantwortung trug, für ihre Sippe und die Menschen im Elfenbachtal, das heute Eifgenbachtal genannt wird.

Tour 5

Startpunkt

Zwischenziele

Parkplatz

Haltestelle

Zielpunkt

Gastronomie

Sehenswürdigkeit

Naturerlebnis

Freizeitspaß

Aussichtspunkt

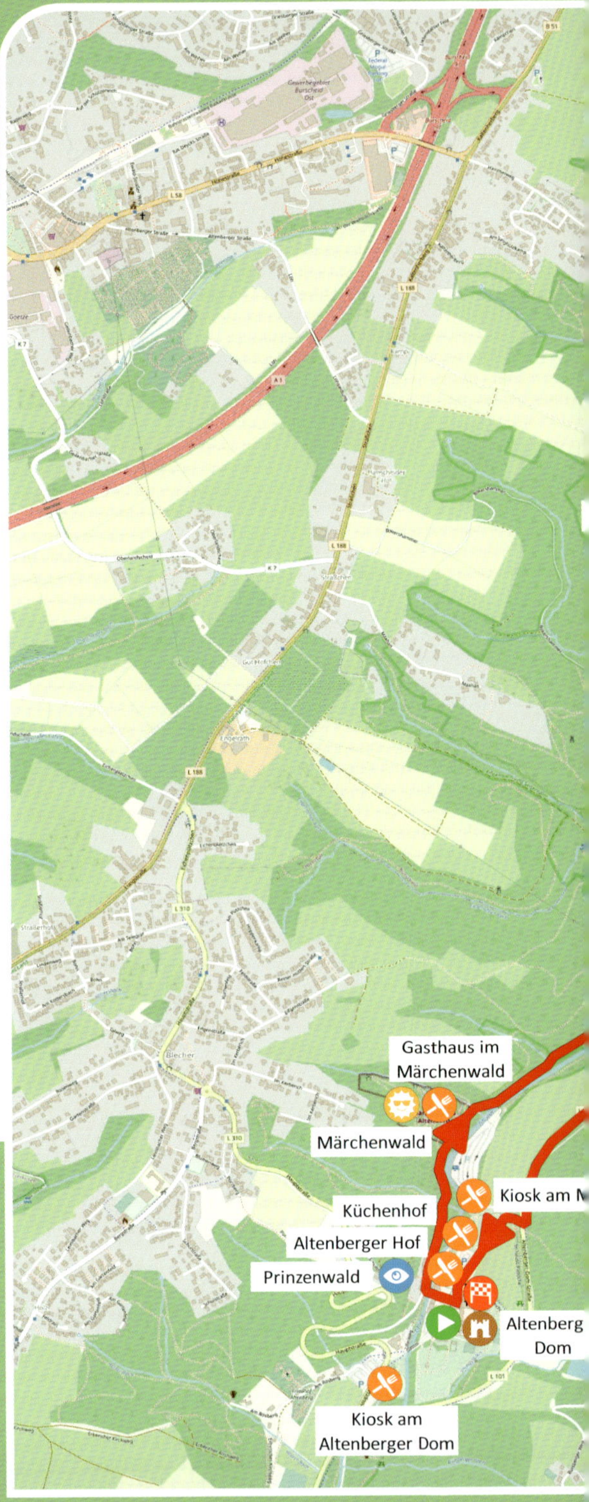

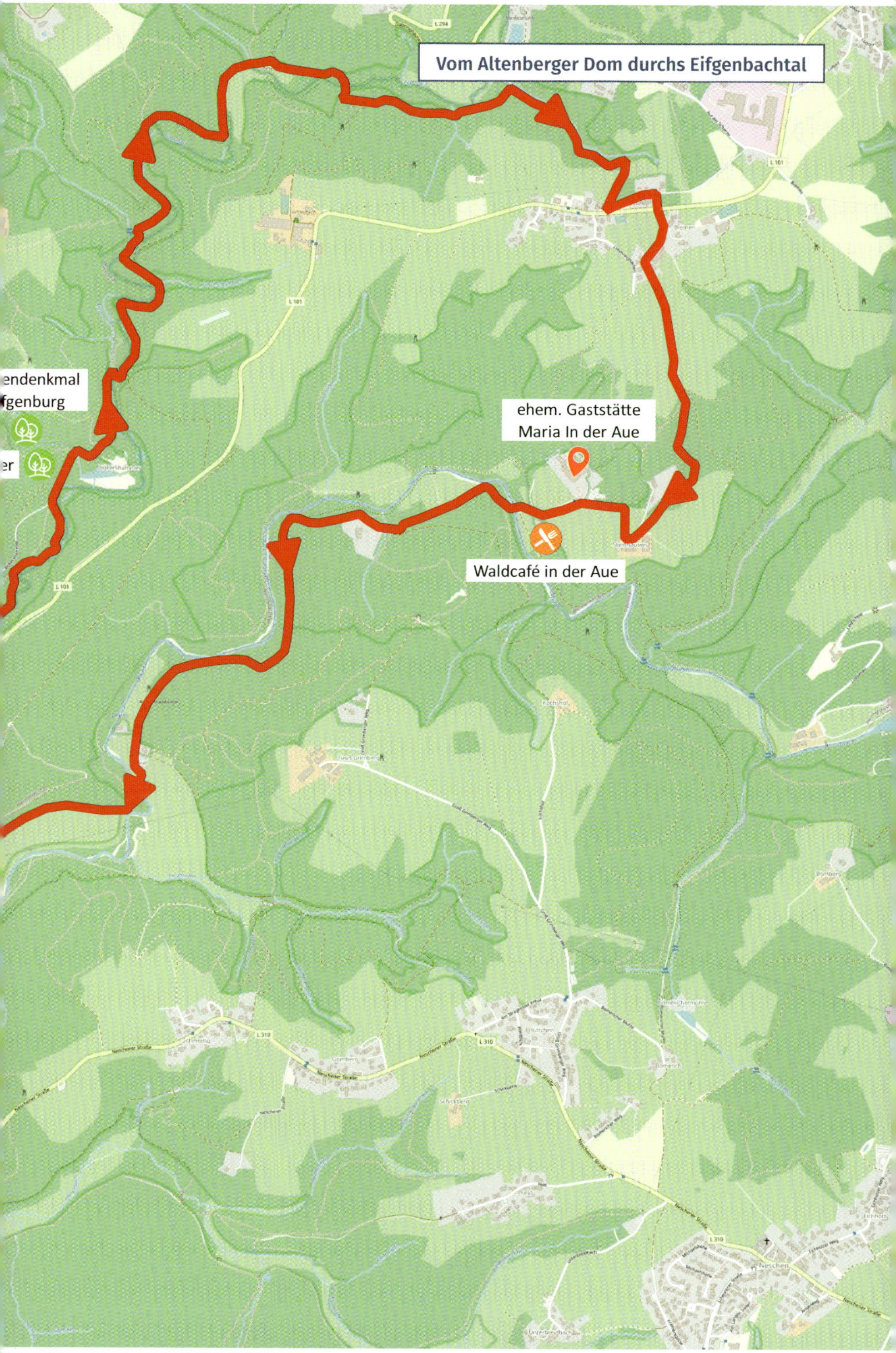

Vom Altenberger Dom durchs Eifgenbachtal
endenkmal
fgenburg
er
ehem. Gaststätte
Maria In der Aue
Waldcafé in der Aue

Verwandlungen

Von Bensberg über Schloss Lerbach zur Grube Cox

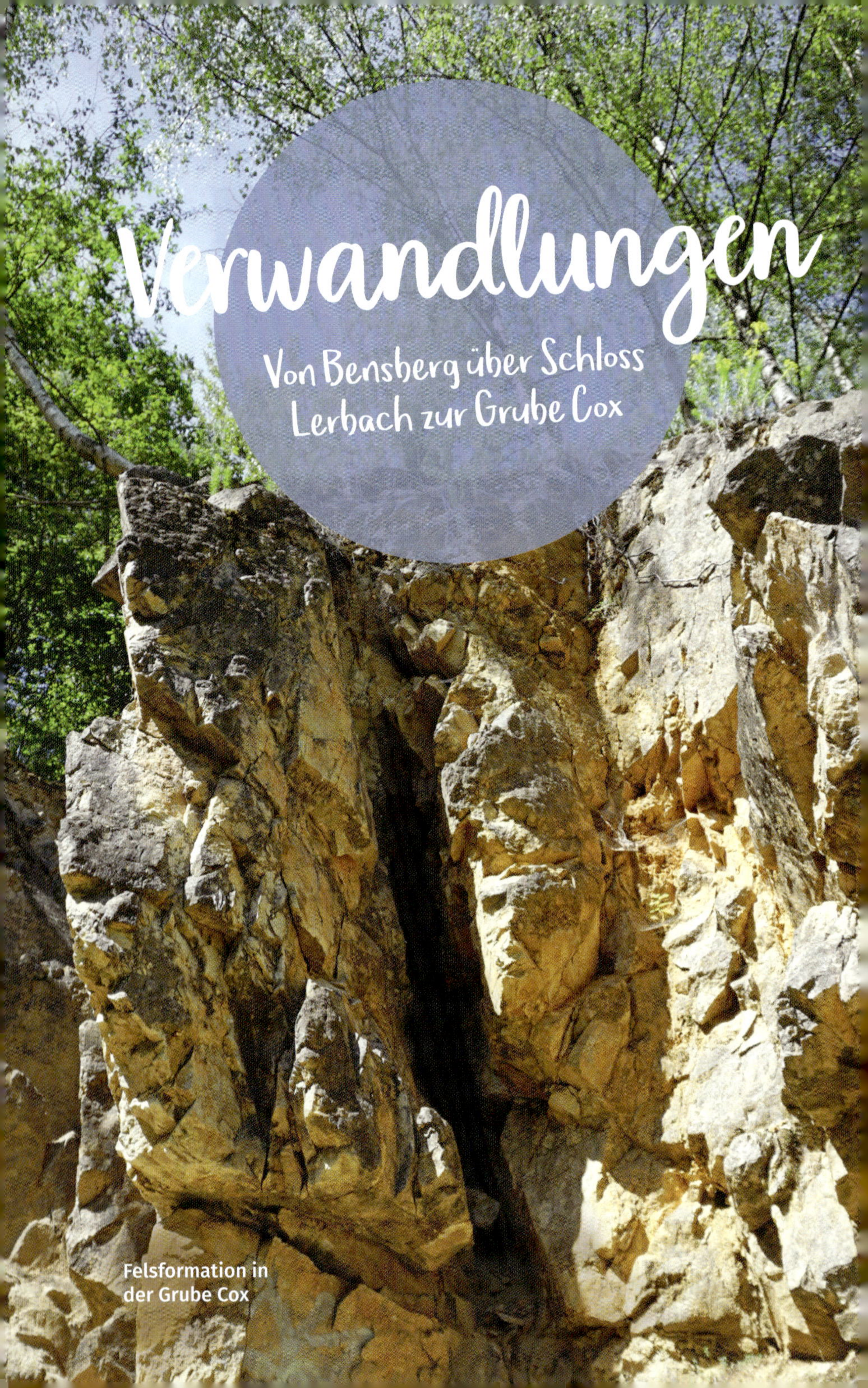

Felsformation in der Grube Cox

So wie in der Legende über die von einer Bärin geraubten Grafentochter, deren Wunden geheilt wurden, so begegnen wir auf dieser Runde manchen Verwandlungen: Da ist die Ruine der Alten Burg, die heute in faszinierender Weise mit modernen Elementen kombiniert als Rathaus dient, oder der ehemalige Steinbruch des Dolomit-Werks, aus dem inzwischen das außergewöhnliche Naturschutzgebiet Grube Cox entstanden ist. In und nördlich von Bensberg lassen sich auf dieser abwechslungsreichen Runde noch viele solcher Geschichten entdecken.

Tour 6

3:10 Std. | 11 km | 200 m

Start/Ziel: Gartenstraße, 51429 Bergisch Gladbach-Bensberg
Parken: verschiedene Möglichkeiten in Bensberg unter: www.bensbergentdecken.de/stadtinfo/parken-in-bensberg
Wegbeschaffenheit: außerhalb der Stadt überwiegend gute Wanderwege.
Anreise mit ÖPNV: Bus- und Straßenbahnhaltestelle Bergisch Gladbach-Bensberg

Wegbeschreibung: Wir starten in der Gartenstraße an der S-Bahnstation Bensberg und gehen jenseits der Schloßstraße in Richtung Burggraben. Der Weg führt uns am Bergischen Museum für Bergbau, Handwerk und Gewerbe vorbei. Etwas oberhalb biegen wir rechts ab und wenden uns nach rechts in die Wipperfürther Straße. Wir passieren die kleinen Fachwerkhäuschen des Museums, überqueren die Straße und biegen nach links in „Am Gräfenweiher" ein.

Nach gut 50 Metern folgen wir dem Schild zum Krankenhaus in den Quellenweg. Der „Klausenberg" führt uns bergan durch ein Wohngebiet und mündet in einen Feldweg. Über Wiesen geht es aufwärts, und nach einer Bank führt uns der Weg rechts bergan zum Krankenhaus. Noch einmal halten wir uns rechts und gehen auf das Klinikgebäude zu. An der Straße angekommen überqueren wir diese und wenden uns nach links, um gleich darauf rechts in den Bergmannsweg einzubiegen. Wir folgen hier dem Schild mit der Nummer 13, dem Bensberger Schlossweg.

Nach dem Waldstück kommen wir an die Straße „Im Dornbusch", in die wir links hineinwandern. An der Gabelung gehen wir rechts zur Hauptstraße, in die wir links einbiegen. An der Bushaltestelle überqueren wir die Straße und folgen dem Schild zum Wanderpark-

Am Weg

Bergisches Museum

für Bergbau, Handwerk und Gewerbe

Seit 1928 bietet das Museum Einblicke in den Erzabbau in der Region – von den Römern bis zum Ende des aktiven Bergbaus. Dazu kann man in einen Museumstollen steigen und sich den Alltag der Bergleute verdeutlichen. Außerdem erzählt das Museum Geschichten von Menschen der Region und wie sie vor etwa 150 Jahren gelebt haben. Historische Fachwerkhäuschen warten auf einen Besuch und an den Sonntagnachmittagen stellen unterschiedliche Handwerker traditionelle Handwerkstechniken vor.

Informationen unter: www.bergisches-museum.de

platz in Moitzfeld. Wir gehen geradeaus, bis uns nach rechts ein Forstweg, mit der 13 markiert, ins Naturschutzgebiet leitet. Dieser Weg führt im Wald in einer leichten Kurve bergab. Rechts von uns befindet sich bald der idyllische Jungfrauenweiher. Wir folgen dem Weg in die Linkskurve und bleiben ihm treu, wo er im spitzen Winkel nach rechts abknickt. Unterhalb der Erdenburg gelangen wir an eine Info-Tafel."

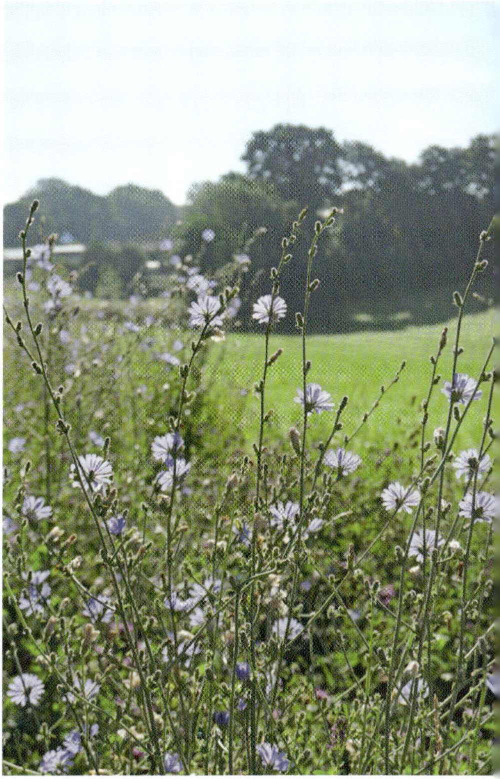

Die Wegwarte strahlt in ihrem ganz eigenen Blau.

Dort biegen wir rechts ab und nach knapp 50 Metern geht es scharf links in einen Wiesenweg. Nach etwa 300 Metern biegen wir dort, wo das Naturschutzgebiet beginnt, scharf links ab und folgen weiter der 13 über eine idyllische Wiese wieder in den Wald und erreichen den Milchborntalweiher. Hinter einem kleinen Bach wenden wir uns nach rechts, um oberhalb des Weihers weiterzuwandern. An dessen Ende bei einem Rasthäuschen biegen wir nach rechts und gleich wieder nach rechts ab, um auf dem Weg auf der anderen Seite des Weihers weiterzugehen. An seinem Ende folgen wir einem Pfad links hinauf in den Wald, immer noch markiert mit der 13.

Durch dichten Wald erreichen wir eine Straße, gehen geradeaus weiter in Richtung Hardt und kommen an einem kleinen Pavillon vorbei. Wir bleiben geradeaus auf der Asphaltstraße immer noch auf dem Weg 13. Wo früher ein Bergwerk war, ist jetzt das Naturfreundehaus Hardt, dahinter biegen wir links ab.

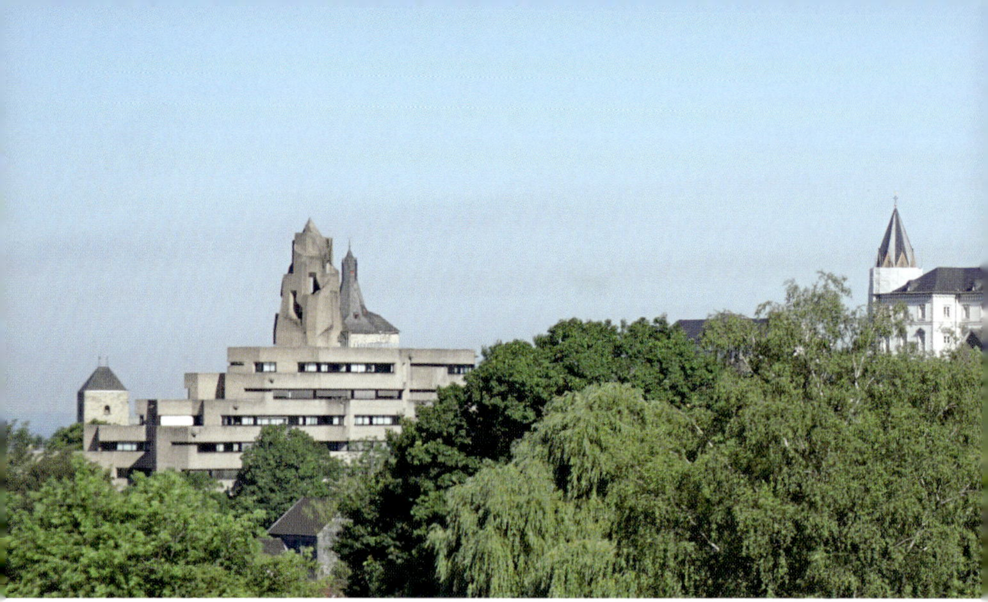

Den Weg, der rechts hinunterführt, ignorieren wir und halten uns geradeaus auf dem breiten Schotterweg, bis wir an eine T-Kreuzung gelangen. Dort biegen wir links ab und folgen dem orange markierten Bergischen Weg für etwa 100 Meter. Dann zweigen wir scharf rechts auf einen Waldweg ab. An der Weggabelung gehen wir rechts

Am Weg

Eisenzeitliche Wallanlage: Erdenburg

Die Erdenburg ist eine dreifach kreisförmig konzentrisch angelegte Wall- und Grabenanlage. Die ersten Untersuchungen in den 1930er-Jahren waren stark von der damaligen politischen Absicht geprägt, und so haben erst neuere Forschungen ergeben, dass die Anlage nicht aus der Zeit der Kämpfe der Germanen mit den Römern in der Zeit um Christi Geburt stammt, sondern 300 Jahre älter ist.

Eine Toranlage wurde an der Steilseite ausgegraben, dahinter waren rechteckige Parzellen, von senkrechten Palisaden gestützt. Im Innenraum befand sich eine Bastion oder ein hölzerner Turm. Entweder diente die Burg als Fliehburg für die umliegende Bevölkerung oder als Lager für schützenswertes Hab und Gut – neueste Untersuchungen ergaben, dass es sich wahrscheinlich um einen rituellen oder politischen Ort handelte.

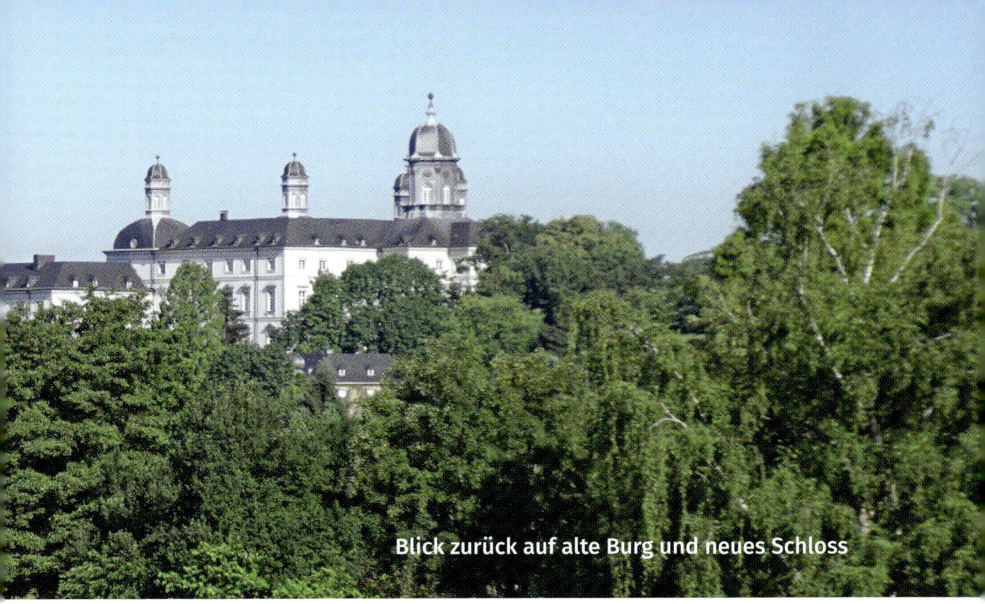

Blick zurück auf alte Burg und neues Schloss

abwärts, bevor wir uns im Wald nach links wenden. Bald mündet der Pfad in einen breiteren Wiesenweg, dem wir nach rechts folgen. Er führt uns über die Wiese und zum Lerbacher Weg, von dem aus man den Turm von Schloss Lerbach sehen kann. Wir folgen der 13 auf einem Pfad neben der Straße nach links.

Wo der schmale Pfad etwas breiter wird, biegen wir auf dem ersten Weg links ab auf eine breite Schotterstraße. Entlang der Wiese führt uns der Weg, und am Waldrand halten wir uns rechts. An der zweiten Kreuzung dahinter, an der ein Baum mit der Markierung 16 steht, biegen wir nach rechts in Richtung Naturschutzgebiet Grube Cox ab. Wir folgen nun der Markierung mit einem Kreis und an der ersten Möglichkeit biegen wir nach links ab. Wir gehen geradeaus bis zu einer größeren Kreuzung, wo wir rechts an der Bank vorbei immer noch schräg geradeaus in einen sehr schmalen Waldpfad wandern. Bei nächster Gelegenheit halten wir uns links und gelangen auf einen Weg, der uns hinunter zu den Weihern führt. Dort gehen wir rechts entlang des erstaunlich klaren Gewässers.

Wo dieses endet, wandern wir nach links zwischen den beiden Weihern hindurch. Links taucht noch einmal ein kleiner Tümpel auf, hinter dem wir nach links in den Waldweg abbiegen, der wieder mit dem Kreis markiert ist und schöne Ausblicke auf dieses Gewässer bereithält. Wir kommen an einem Holzzaun vorbei und der Weg

mündet in einen breiteren. Hier halten wir uns geradeaus und haben Ausblick auf den vierten Weiher. Danach kann man ein kurzes Stück auf der Abbruchkante gehen, links führt der Weg auf dem Wall weiter, und wir biegen nach rechts ab und gehen geradeaus bis zu einer Fünf-Wege-Kreuzung. Dort nehmen wir den zweiten Weg von rechts. Wir bleiben auf dem breiten, sandigen Weg, auch wenn Pfade davon abgehen.
Bald sind wieder die Häuser von Bensberg und das Schloss zu sehen. Der Weg führt uns in einer Linkskurve hinunter und wir kommen am Restaurant Waldstuben vorbei. Danach liegt rechts von uns das Freibad, und der immer noch mit dem Kreis markierte Weg führt uns in einer Rechtskurve abwärts. An der Gabelung halten wir uns rechts, überqueren den Milchbornbach, erreichen einen Parkplatz und gehen auf dem gepflasterten Hardtweg bergauf. Wir folgen dem Schild „Zur Hardt", dem Kreis und der 13 links hinauf, kommen an eine Treppe, und dahinter biegen wir nach rechts in die Jan-Wellem-Straße ein. An der T-Kreuzung folgen wir dem Kreis nach rechts und befinden uns nach dem Aufstieg an der Hinterseite des Schlosses Bensberg.

Am Weg

Schloss Lerbach

Begonnen hat alles als Rittersitz im 13. Jahrhundert, bis Gut Lerbach 400 Jahre später zu einem Renaissance-Wasserschloss umgebaut wurde. Wegen der finanziellen Schwierigkeiten, die der Bau mit sich brachte, musste es bald verkauft werden – von da an wechselte es immer wieder seinen Besitzer und sein Aussehen. Schließlich wurde es 1836 zu einem englischen Landhaus im klassizistischen Stil umgebaut, bis es 60 Jahre später unter der Papierfabrikantenfamilie Zanders abgetragen wurde, um einem neuen englisches Landhaus im Stil des Neoklassizismus zu weichen. In den 1990er-Jahren wurde es zum Luxushotel ausgebaut, schließlich wieder verkauft, und seit einigen Jahren warten das Anwesen und der beeindruckende Garten auf die nächste Ära als Schlosshotel.

Am Weg

Naturschutzgebiet Grube Cox

Der Abbau von Dolomit-Gestein wurde im Lerbacher Wald nur kurz betrieben: 16 Jahre lang – von 1969 bis 1985 – wurde im großen Stil abgebaut, um mit dem edlen Gestein in den Glaswerken in Köln-Porz hochwertiges Spiegelglas herzustellen. Nachdem die Grube aufgegeben worden war, siedelten sich sofort wieder schützenswerte Tiere und Pflanzen an. Die Grube wurde nicht ganz verfüllt, sondern ein Naturschutzgebiet mit vier unterschiedlich großen Weihern angelegt.

Hier halten wir uns rechts und folgen weiter der Jan-Wellem-Straße. Wenn wir links einen großen Parkplatz erreichen, biegen wir in die Kadettenstraße ab und kommen am Haupttor des Schlosses vorbei. Die Kadettenstraße leitet uns in einer Kurve nach links. Ein Schild Richtung Goethehaus weist nach rechts in die Straße „Markt". Zwischen dem Hotel Malerwinkel und dem ältesten Haus der Freiheit Bensberg, dem Herwigshaus, biegen wir nach links in den Burggraben ein, der uns zum beeindruckenden Rathaus-Ensemble mit dem Alten Schloss Bensberg bringt. Danach gehen wir die Straße weiter hinunter, bis wir nach einer Kurve rechts abbiegen können und wieder in die Gartenstraße zu unserem Ausgangspunkt gelangen.

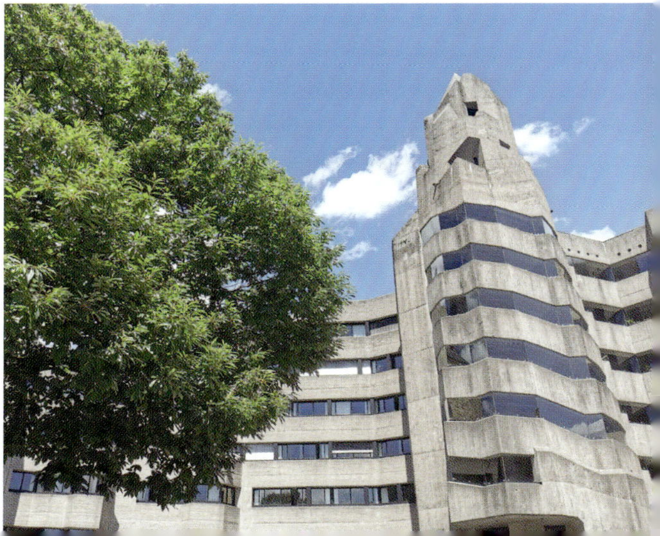

Das moderne Rathaus an der alten Burg

Am Weg

Altes Schloss

Die alte Burg sicherte den Grafen von Berg ihren Einfluss im Süden ihres Territoriums, und das Anwesen wurde Sitz der Verwaltung des Bergischen Amtes Porz. Das Gebäude aus dem 12. Jahrhundert wurde einst von einem mächtigen Graben und einer steinernen Brücke geschützt. Die ovale Form der Anlage erinnert an die Stammburg der Herren von Berg in Altenberg und an Schloss Burg über der Wupper. Weil sich der Bergische Machtapparat nach Düsseldorf verlegte und gleich nebenan das neue Schloss gebaut wurde, verlor die Burg im 17. Jahrhundert an Bedeutung.
Ihren ehemaligen Herrschaftsanspruch erhielt sie zurück, als sie Mitte der 1960er-Jahre nach den Plänen des Architekten Gottfried Böhm architektonisch mit dem Neubau des Rathauses verflochten wurde. Der Bergfried, der Wehrturm und die Überreste des Palas wurden mit den modernen Bauten verwoben und in eine halbrunde Form gebracht. Die Ausmaße der Burg und ihrer Ringmauer sind so immer noch gut auszumachen.

Neues Schloss Bensberg

Kurfürst Johann Wilhelm II, auch Jan Wellem genannt, erbaute 1703 das imposante Schloss auf dem Bärenberg im Stil des Schlosses in Versailles. Allerdings interessierte sich nach seinem frühen Tod kaum jemand für das Jagdschloss. Im Laufe der Zeit diente es als Lazarett der österreichischen und dann französischen Regimenter, später als preußische Kadettenanstalt, als Notunterkunft, Erziehungsanstalt und Internat. Seinem ehemaligen Zweck als Jagd- und Lustschloss wurde es erst wieder in den 1990er-Jahren zugeführt: Als luxuriöses Hotel erfüllt es nun wieder das eigentliche Ziel: Freizeitspaß und Wohlfühlen – und das steht ihm ausgezeichnet.

Gastronomie

Naturfreundehaus Hardt, Hardt 44, 51429 Bergisch Gladbach, Telefon 02204/3007541, www.haushardt.de
Waldstuben, Am Milchbornbach 39–43, 51429 Bergisch Gladbach, Telefon 02204/95550, www.waldhotel.de
Diverse in Bensberg

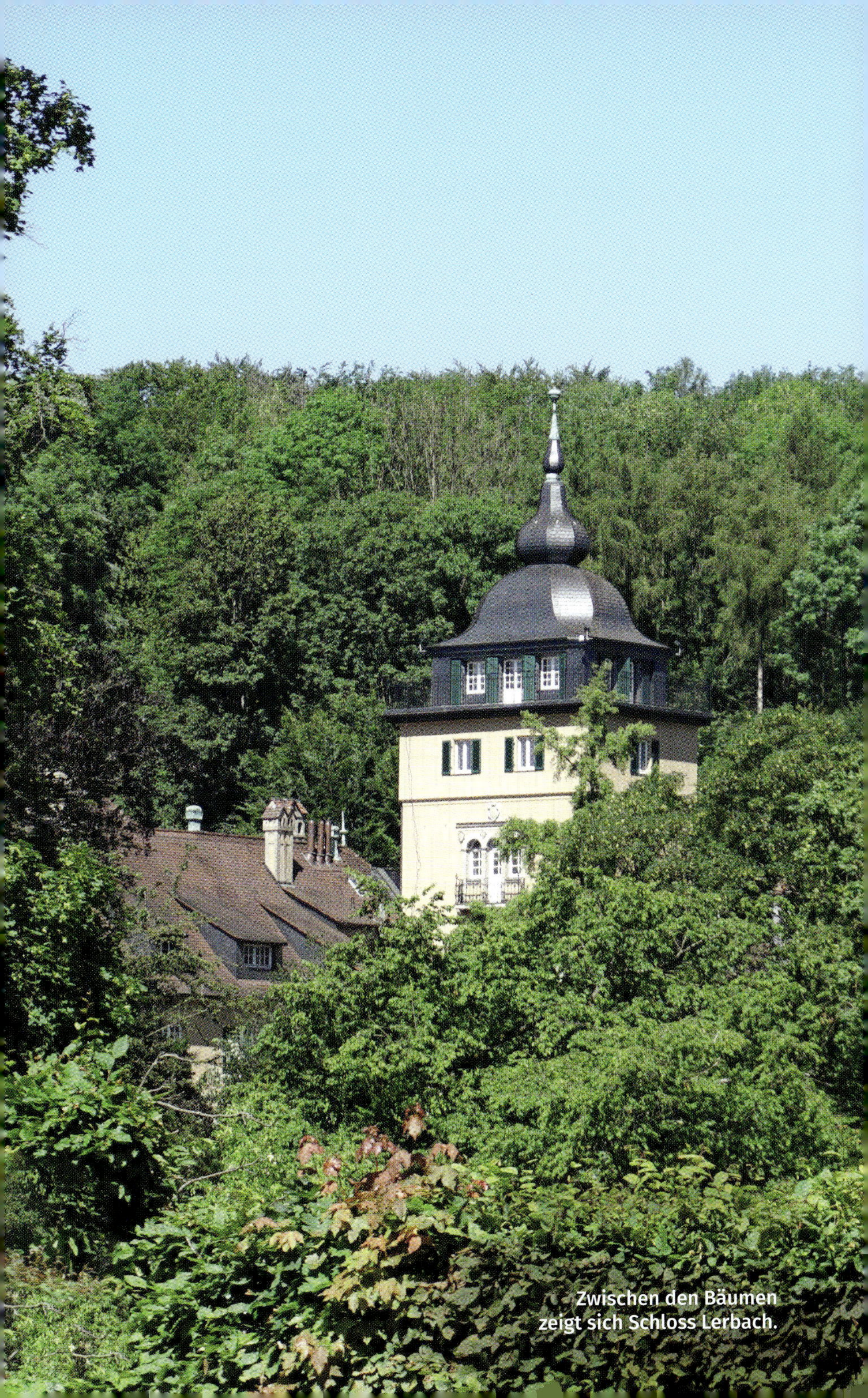

Zwischen den Bäumen
zeigt sich Schloss Lerbach.

Der Kindsraub von Bensberg

Als das Alte Schloss 1964 mit dem modernen Rathaus der Stadt Bensberg architektonisch verwoben wurde, kamen bei Grabungen Teile der ehemaligen Befestigung zutage, unter anderem die ehemalige Burgkapelle. Von ihr hat sich bis heute eine alte Legende erhalten, die wir in diesem Märchen neu erzählen.

Gräfin Girita, Burgherrin im Schloss Bensberg, lief in die Kapelle und warf sich vor den Altar der Heiligen Jungfrau Maria. Schluchzend und zaudernd rief sie auf Knien: „Bist du eine liebe Mutter, so hilf mir! Gib mir mein Kind zurück!" Mit diesen Worten riss sie der Statue der Gottesmutter das Christuskind vom Arm und von den Wänden hallten ihre Worte wider: „Ich nehme mir dein Kind als Pfand, bis du mir meines zurückgibst!" Die Mägde und Frauen, die mit ihr weinend in der Schlosskirche beteten, stießen einen Schreckensschrei aus. „Aber, Herrin, was für ein Frevel: Ihr könnt doch nicht die Gottesmutter entweihen", riefen ihre Kammerzofen.

Doch in diesem Moment wurden die Mauern der Kirche von einem tiefen Donnergrollen erschüttert. Die Frauen kauerten sich ängstlich in die Holzbänke. Nur die Gräfin schien plötzlich wie verwandelt. Ihr Gesicht entspannte sich, und auch die Tränen hörten auf zu fließen. Sie presste das Jesuskind an ihre Brust und ging ruhigen Schrittes aus der Kapelle durch den Burghof in ihre Gemächer. Dort setzte sie sich ans Fenster, blickte in die Ferne und schien auf eine bevorstehende Ankunft zu warten: Das Eintreffen ihres Gatten Graf Engelbert, Vogt Rüdigers und der vielen Knechte und Helfer, die ausgezogen waren, um die geraubte Tochter zu suchen. Eine Bärin hatte das Kind entführt, als es auf der Wiese vor dem Schloss einen Strauß Blumen pflückte. Bis die Wächter das Unglück gemeldet hatten, war die Bärin mit dem Kind schon im Wald verschwunden.

Die Gräfin saß mit ihrem kostbaren, heiligen Schatz in Händen am Fenster, und als sie gerade wieder in die Kapelle zurückkehren wollte, hörte sie das freudige Horn der Jäger. Gleich darauf sah sie den Vogt in den Burghof reiten, und vor ihm im Sattel saß das Mädchen Jutta – wohlauf und lachend, als ob sie nur kurz einen Ausflug gemacht hätten. Mit einem tiefen Seufzer legte die Gräfin das Jesuskind sanft auf ihr Himmelbett und stob hinunter in den Burghof. Dort riss sie dem Vogt das Kind aus den Armen und herzte es, bis dieses genug hatte von all dem Küssen und Drücken.

„Wo haben Sie mein Kind gefunden, mein Herr?" fragte sie den Vogt.

„Es lag auf der Wiese, neben ihm eine tote Bärin und ein Bärenkind", lautete seine Antwort.

Da sprach sie ernst zu ihrem Kind: „Meine Kleine, was ist passiert? Hat dir die Bärin ein Leid zugefügt?" Das Mädchen wirkte erstaunt: „Nein liebe Mutter, ich habe mich erschrocken, als sie mich gepackt hat, aber dann kann ich mich an nichts mehr erinnern. Ich bin erst aufgewacht als eine strahlende Frau mich ansprach. Ihr Gesicht sah so aus, wie das der Gottesmutter in der Kapelle." Jutta erzählte weiter: „„Du musst keine Angst haben", sprach die Frau freundlich zu mir: ‚Die Bärin ist nicht mehr und ihr Junges wird dir nichts antun.' Dann schlief ich wieder ein, bis mich der Vogt aufweckte."

Der Mann nickte: „Es stimmt, meine Herrin: Die Bärin lag tot und verkohlt neben dem Mädchen, und das Bärenkind konnten wir einfangen."

Da wusste die Gräfin, was passiert war, und sank auf die Knie: Der Blitz, dessen Donner die Kapelle erschüttert hatte, hatte die Bärin erschlagen, und die Gottesmutter hatte die Wunden ihrer Tochter geheilt, denn diese war bis auf einige wenige Kratzer unversehrt.

Mit einem lauten Freudenschrei trafen nun auch der Graf und seine Knechte im Burghof ein, und alle feierten gemeinsam die Rettung der Tochter.

Gräfin Girita aber lief in ihre Kammer, holte den gestohlenen Jesus und brachte ihn zurück in die Kapelle. Mit tiefer Dankbarkeit blickte sie auf und sprach: „Verzeih mein Handeln. Ich war wie von Sinnen. Ich danke dir aus tiefstem Herzen, dass du mir mein Kind zurückgebracht hast. Hier gebe ich dir deines zurück." Und damit legte sie das geborgte Jesuskind wieder in die Arme seiner Mutter.

Tour 6

- Startpunkt
- Zwischenziele
- Parkplatz
- Haltestelle
- Zielpunkt
- Gastronomie
- Sehenswürdigkeit
- Kulturstätte
- Naturerlebnis

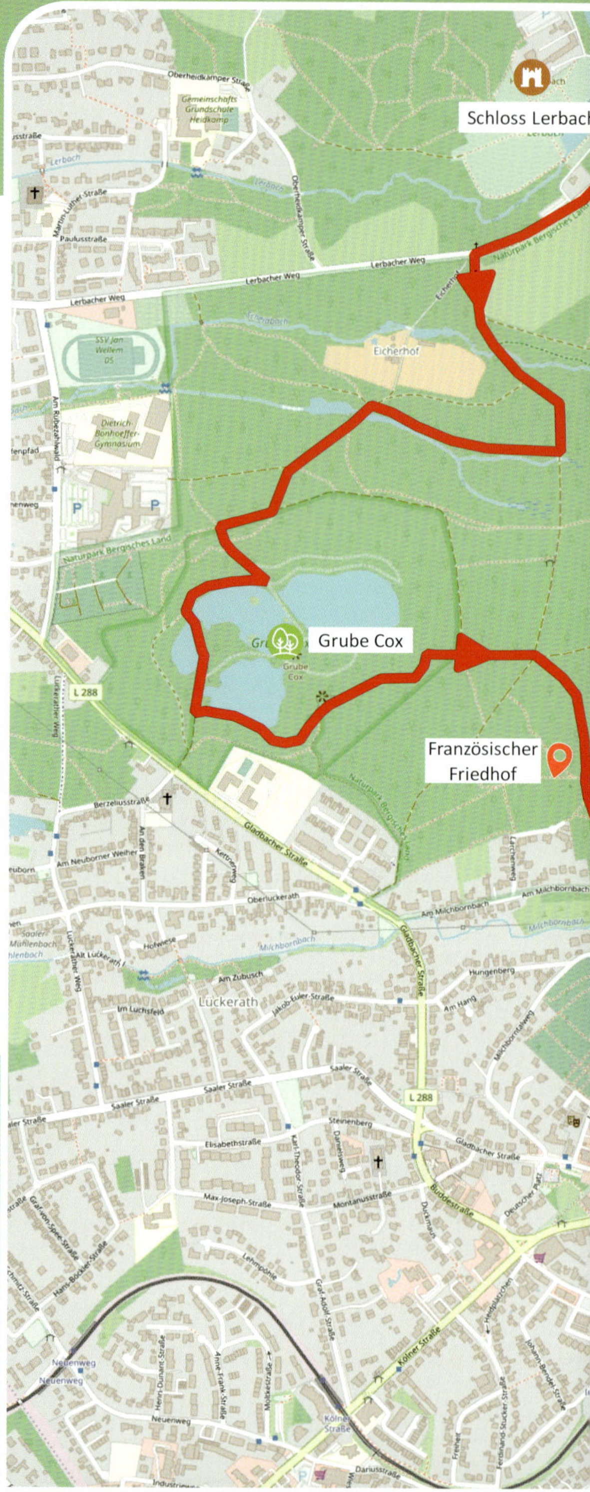

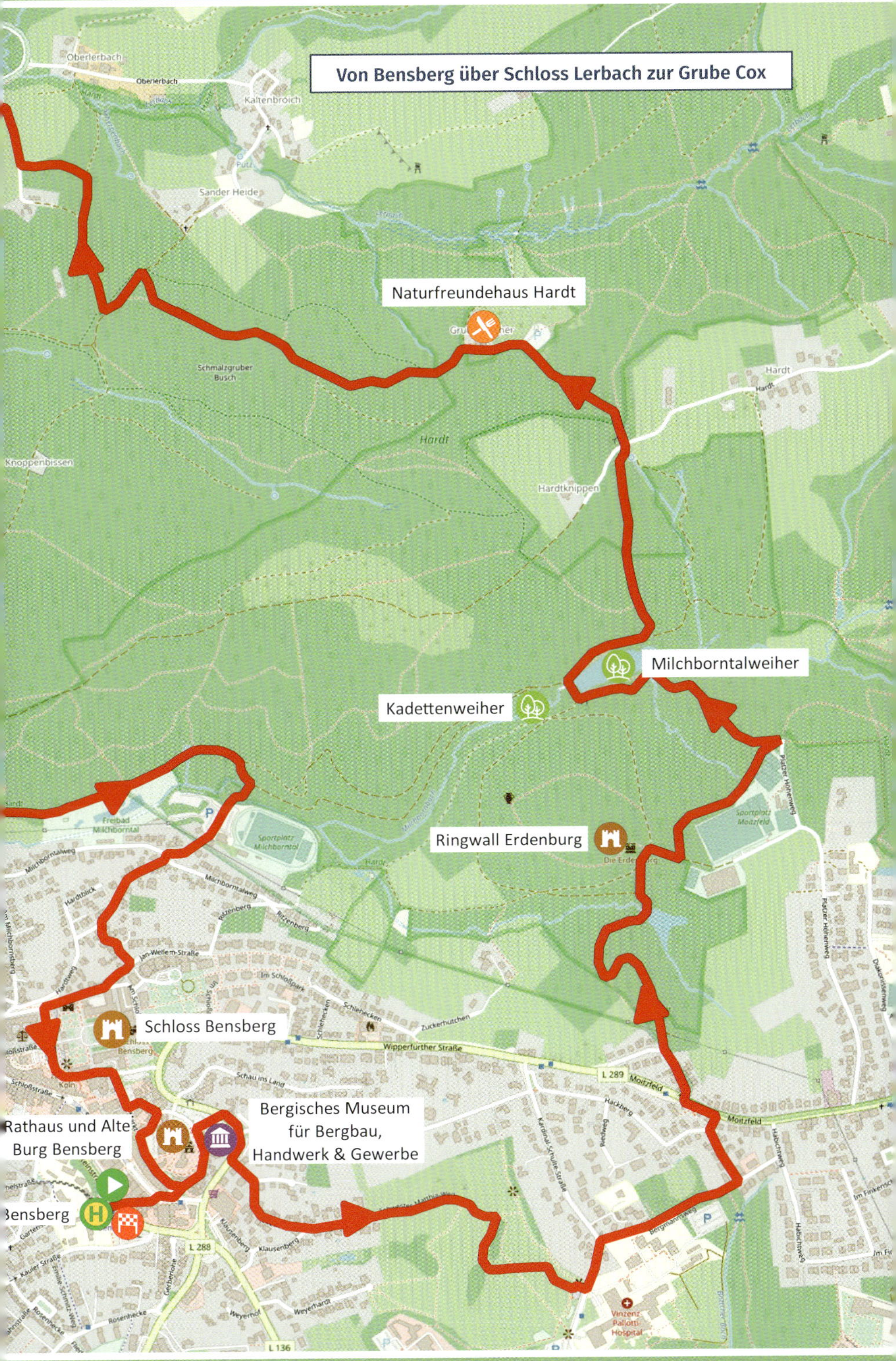
Von Bensberg über Schloss Lerbach zur Grube Cox
Naturfreundehaus Hardt
Milchborntalweiher
Kadettenweiher
Ringwall Erdenburg
Schloss Bensberg
Bergisches Museum
für Bergbau,
Handwerk & Gewerbe
Rathaus und Alte
Burg Bensberg
Bensberg
Oberlerbach
Kaltenbroich
Sander Heide
Schmalzgruber Busch
Hardt
Hardtknippen
Knoppenbissen
Freibad Milchborntal
Sportplatz Milchborntal
Sportplatz Moitzfeld
Wipperfürther Straße
Moitzfeld
L 289
L 288
L 136
Vinzenz Pallotti Hospital

Franziskus im Bergischen

Das Seligenthal und die Wahnbachtalsperre

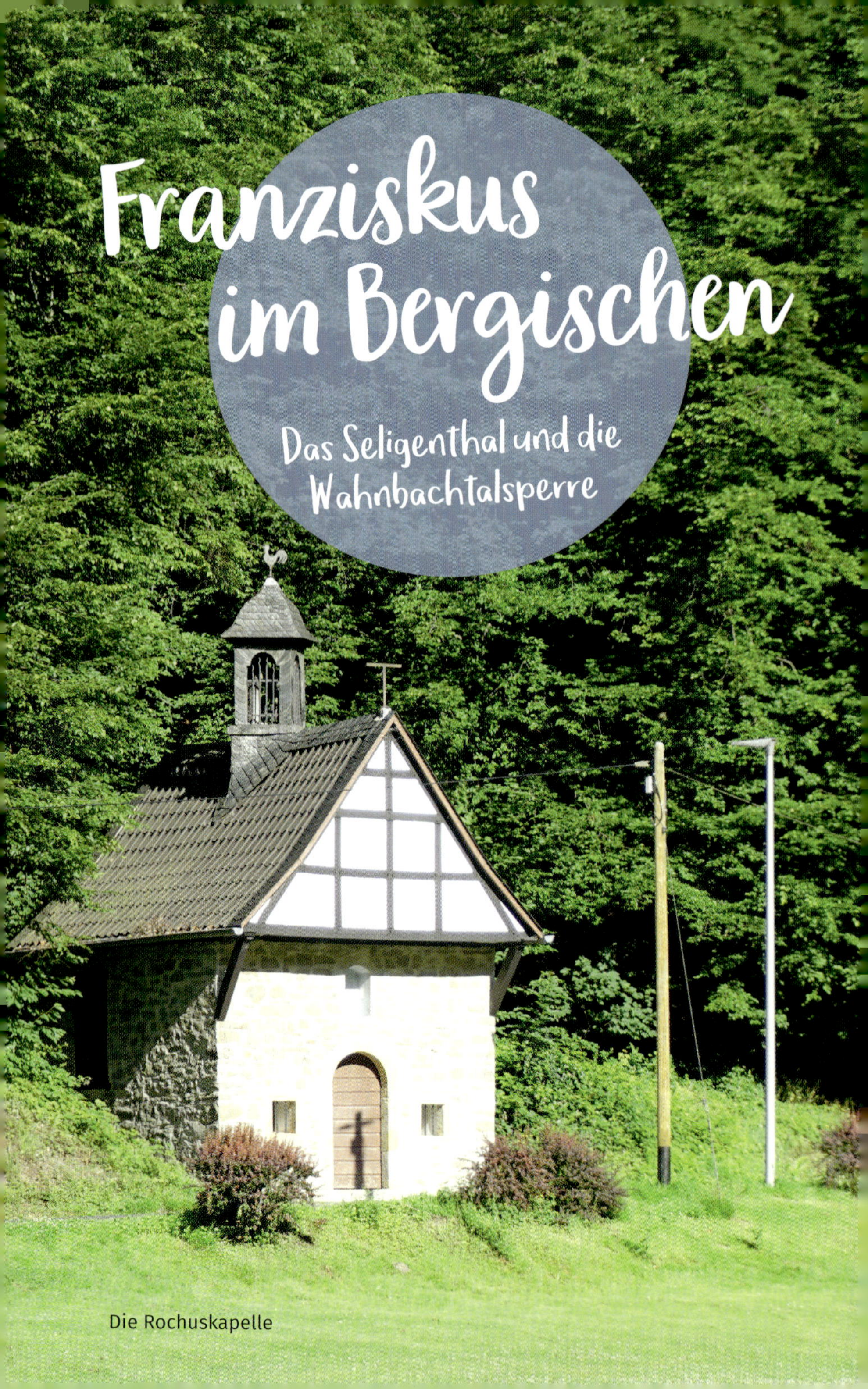

Die Rochuskapelle

Nur fünf Jahre, nachdem Franz von Assisi gestorben war, gründete sich im Seligenthal ein Franziskanerkloster. Von Franziskus wird erzählt, dass er lieber große Umwege in Kauf genommen habe, als ein über den Weg gespanntes Spinnennetz zu zerstören – zu groß sei seine Liebe zu Tieren und Pflanzen gewesen. Auf dieser Runde lässt sich das Thema Naturschutz nicht ausblenden: Sie führt durch Gebiete, in denen in den letzten Jahren Dürre und Borkenkäfer ihre Spuren hinterlassen haben. Infotafeln erklären die Ursachen, aber auch die Versuche, neuen Wald anzupflanzen und naturnäher zu wirtschaften. Auch über die Gewinnung des Wassers an der Talsperre kann man unterwegs einiges lernen – und nicht zuletzt die beeindruckende Aussicht von der Staumauer genießen.

Tour 7

2:30 Std. | 8,5 km | 102 m

Start/Ziel: Siegelsknippen, 53721 Siegburg-Heide
Parken: Wanderparkplatz Siegelsknippen
Wegbeschaffenheit: breite Forstwege, schmale und an manchen Stellen steile Pfade, verkehrsarme kleine Straßen
Anreise mit ÖPNV: Bushaltestelle Siegburg-Franzhäuschen

Wegbeschreibung: Die Wanderung beginnen wir an der Bushaltestelle Franzhäuschen oder am Wanderparkplatz Siegelsknippen, indem wir zunächst der kleinen Straße nach Süden folgen. Wo diese nach links abknickt, wandern wir auf dem geschotterten Forstweg geradeaus. Ihm folgen wir für gut zwei Kilometer fast geradeaus, dabei ignorieren wir die Abzweigungen nach rechts und links. Der Wald auf der gesamten Kuppe hat gravierende Borkenkäferschäden, deshalb ist es sicherer, auf dem Forstweg zu bleiben.

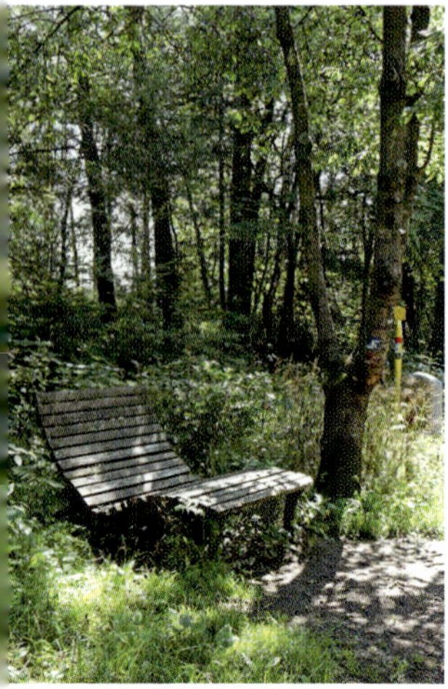
Rastplatz im Schatten

Wo sich der Weg schließlich deutlich senkt, steht ein kleines moosbedecktes Rasthäuschen. Dort nehmen wir den Weg scharf links hinunter und wandern bis zu einer kleinen Straße. Diese führt uns nach links weiter abwärts ins Tal und dann wieder aufwärts auf die Kuppe. Dort halten wir uns rechts und bleiben dem Schild Richtung Seligenthal folgend auf der Straße, die uns wieder bergab führt. Kurz bevor wir links die Einfahrt zum Pumpenwerk erreichen, steht rechts ein Wegkreuz, hinter dem sich die Ruine der alten Ummigstalbrücke befindet.
Weiter geht es an einem Friedhof und der Villa Waldesruh vorbei zum Kloster Seligenthal und zur Rochuskapelle. Dahinter biegen wir an einer Wiese mit einem Kinderspielplatz links ab, lassen uns

Am Weg

Ummigstalbrücke

Zwischen Siegburg und Much hat es einst eine Straße gegeben. Die Reste der Ummigstalbrücke – ein einziger Brückenbogen – sind mitten im Wald zu bestaunen und zeugen von belebteren Zeiten im heute einsamen und ruhigen Seligenthal. Die Brücke wurde beim Rückzug der deutschen Truppen im Zweiten Weltkrieg gesprengt und die Straße danach aufgegeben.

Am Weg

Kloster Seligenthal

Nur fünf Jahre nach dem Tod und drei Jahre nach der Heiligsprechung des Franz von Assisi wurde 1231 das Kloster Seligenthal gegründet. Erstaunlich schnell wurde dieses einsame und abgeschiedene Tal von den Brüdern des Franziskanerordens auserkoren, um ihren religiösen Auftrag zu erfüllen: ein einfaches Leben in Armut zu führen. Lange mussten sie dies an diesem fruchtbaren Standort allerdings nicht machen, denn schon bald hatten sie Weinanbau, Förderer und eine Wallfahrt, die Einnahmen brachten. Das wundertätige Johannesbrünnlein liegt etwas oberhalb der Klosterkirche im Wald, und darum ranken sich viele Heilungslegenden. Die Ordensbrüder nannten das Tal „vallis felix", also glückliches oder seliges Tal. Die kleine Antoniuskirche, die hinter den wuchtigen Bäumen kaum zu sehen ist, stammt aus dem Mittelalter, die übrigen Gebäude wurden im 17. Jahrhundert nach einem Brand neu erbaut. Heute ist das Kloster ein unscheinbarer Ort ohne Prunk und Zier. Das würde dem heiligen Franziskus sicher gefallen. Der Orden der Eremitinnen unserer Lieben Frau vom Berge führt heute das Kloster – trotzdem wirkt es fast etwas geisterhaft unbewohnt.

Der Klosterhof Seligenthal, scheint sich neu herausgeputzt zu haben, ist allerdings nur ein Veranstaltungshotel und öffnet seine Türen leider nicht für Tagesgäste.

von einem Steg über einen Bach führen und folgen dahinter dem Mönchweg nach links.

Rechts von uns liegt bald etwas versteckt das Johannisbrünnlein, eine alte Heilquelle. An der nächsten Gabelung leitet uns das rote Zeichen des Mönchwegs nach links bergab und dann dort, wo der Pfad auf einen anderen Weg stößt, nach rechts. Nach etwa 150 Metern zweigt nach links ein Pfad ab, der uns steil hinaufführt, markiert als Bergischer Weg und Mönchweg. Auf dieser steilen Passage ist etwas Trittsicherheit erforderlich. In mehreren Serpentinen geht es bergan durch den Wald, dabei können wir immer den Schildern folgen.

Am Weg

Wahnbachtalsperre

Ausgestattet mit modernster Technik der Trinkwasseraufbereitung wurde die Talsperre 1958 in Betrieb genommen. Gespeist wird der See vom klaren Wasser des Wahnbachs. Rund um den See ist Wasserschutzgebiet, und somit gibt es viele Auflagen an die Landwirte der Region und die Wanderer, um eine Verschmutzung zu verhindern. An einem Informationspavillon in der Nähe der Staumauer ist alles Wichtige über die Talsperre und ihre Nutzung zu erfahren. Neben der Trinkwassergewinnung dient die Sperre auch dem Hochwasserschutz: So wird von Herbst bis Frühjahr im See noch Platz gelassen, sollte das nicht ausreichen, kann unterirdisch Wasser abgeführt werden. Aber nicht nur den Menschen dient dieser künstliche See als Trinkwasserreservoir, sondern auch vielen Tier- und Pflanzenarten als Heimat.

Auf der Kuppe angekommen führt der Pfad wieder leicht abwärts. Er mündet in einen breiteren Weg, und an der Gabelung gehen wir auf der asphaltierten Straße weiter und erreichen die Staumauer der Wahnbachtalsperre. Diese überqueren wir nun mit Blick ins Tal und auf den See.
Dahinter führt der Weg nach links an einem Informationspavillon vorbei bis zur Schranke. Dort biegen wir nach rechts auf die Straße ein, die uns bergan führt. Wir folgen ihr in mehreren Kurven, kommen an einer Wiese mit Holzliegen und Ausblick auf den Stausee sowie am Gut Umschoß vorbei. Von dort führt die Straße uns nach einer Rechtskurve in eine Allee aus Kirsch- und Walnussbäumen. Dieser folgen wir bis zu ihrem Ende und gehen auf der Straße weiter geradeaus, bis wir links an einer Infotafel über den Mischwald vorbeikommen. Dahinter biegen wir nach links in den Forstweg ein. Bald halten wir uns rechts und dort, wo der Weg endet, biegen wir nach links in den gekiesten Pfad ein. Dieser Weg führt uns weiter durch den Wald, bis er uns bergab führt. Dort ist ein weiteres Aufforstungsprojekt zu sehen, das hier nach einem durch Borkenkäferbefall notwendig gewordenen Kahlschlag realisiert wird.

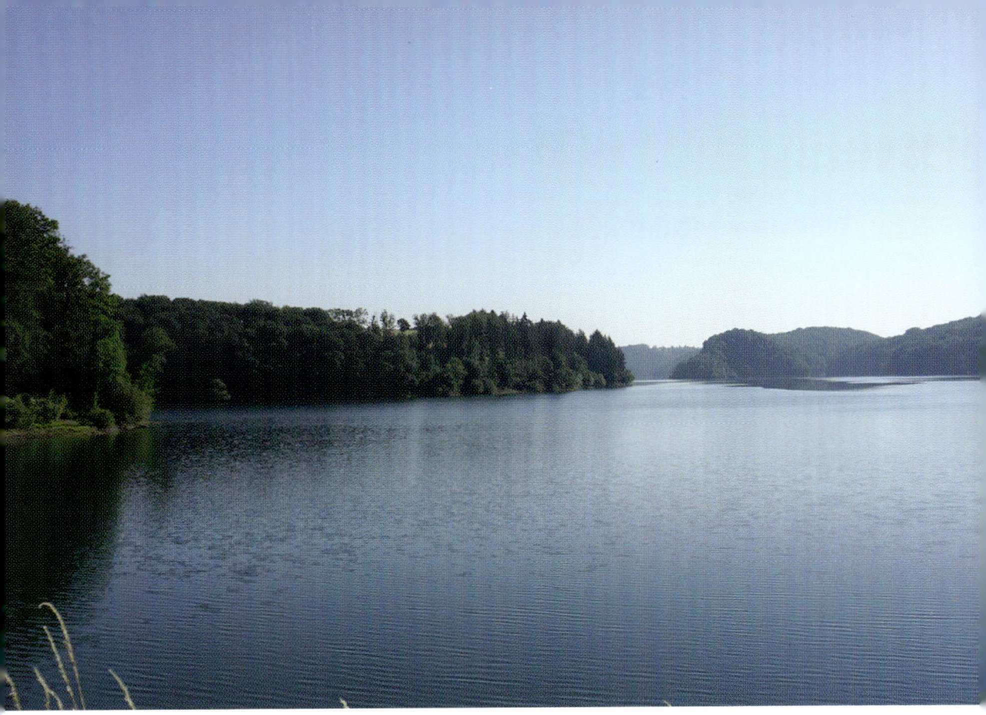

Blick von der Staumauer auf die Talsperre

Info

Nachhaltiger Mischwald entsteht

Die Runde im Seligenthal zeigt deutlich, was passiert, wenn in Monokultur Fichtenwälder gepflanzt werden. Auf Grund des Klimawandels können sich diese weniger schützen als Mischwälder – vor Trockenheit, Borkenkäferbefall und sonstigen Umwelteinflüssen. Die Fichten als Flachwurzler sind bei Trockenheit nochmals benachteiligt, weil sie sich die Feuchtigkeit nicht aus der Tiefe holen können. Sie trocknen aus und beim nächsten Sturm fallen sie einfach um oder knicken ab. Die Infotafeln erklären, wie im Seligenthal der Wald unter perfekten Bedingungen neu aufgeforstet wird – um die Talsperre herum mit Kirsche, Elsbeere, Roteiche, europäischer Lärche und Douglasie. Entlang des Forstwegs gibt es Versuche mit Traubeneichen und Weißtannen. Es wird sicher spannend zu beobachten, welche Baumarten sich in den nächsten Jahren durchsetzen und mit den veränderten Klimaverhältnissen zurechtkommen werden.

So erreichen wir eine Gabelung, an der wir uns rechts halten. Wir gehen über den Bach, und dahinter führt uns der Pfad auf eine Wiese mit Tümpel und an der Aufbereitungsanlage des Talsperrenverbands entlang. Nun stoßen wir auf eine gepflasterte Straße, in die wir rechts einbiegen, nur, um sie gleich darauf nach links auf dem Forstweg zu verlassen. Wo sich dieser gabelt, gehen wir links und folgen weiterhin dem roten Schild schnurgerade auf einer Forststraße. Auch hier sehen wir die Folgen des Fichtensterbens – und können beobachten, welche Pionierpflanzen die Natur hier wieder hervorbringt: im Sommer beispielsweise den schönen aber sehr giftigen violetten Fingerhut. Am Ende des Schotterwegs wenden wir uns nach links und kommen wieder an die Straße „Siegelsknippen". Nach rechts ist in wenigen Metern die Bushaltestelle, nach links der Wanderparkplatz erreicht.

Info

Trinkwasseraufbereitung

Der größte Teil des Rohwassers wird der Tiefenwasserzone der Wahnbachtalsperre entnommen. Die Trinkwasseraufbereitungsanlage Siegelsknippen kümmert sich allerdings um das Oberflächenwasser. Sie sorgt dafür, dass das Trinkwasser möglichst wenig Rückstände enthält und frei von Krankheitserregern und Schadstoffen ist. Das Pumpwerk Seligenthal, an dem wir auch vorbeiwandern, arbeitet an diesem Prozess mit.

Am Standort Siegelsknippen befinden sich auch noch das Wildlachszentrum Rhein-Sieg und das Technikzentrum des Arbeitskreises Landwirtschaft, Wasser und Boden, der sich mit den Auswirkungen der Landwirtschaft auf die Wasserqualität des Stausees beschäftigt und Richtlinien in Bezug auf Düngung, Viehhaltung usw. erforscht und vorgibt.

Gastronomie

Franzhäuschen, Franzhäuschenstraße 67, 53797 Lohmar,
Telefon 02241/388 980, www.franzhaeuschen.de

Villa Waldesruh, Seligenthaler Straße 94, 53721 Siegburg,
Telefon 02241/9116962, www.villawaldesruh.de

Die wundersame Quelle im Seligenthal

Der heilige Franziskus von Assisi achtete die Tiere und Pflanzen als seine Brüder und Schwestern. Er ließ allen Reichtum hinter sich und gründete sein Kloster inmitten der Natur. Er kann uns auch heute noch ein Vorbild sein – auf jeden Fall war er es sicher für die ersten Brüder im Seligenthal, die dort – nur fünf Jahre nach seinem Tod – im Jahr 1231 ein Kloster nach seinen Glaubensregeln gegründet haben.

Es war einmal zu einer Zeit, als im Seligenthal gerade die ersten Brüder ihr kleines Klostergebäude bezogen hatten. Da gab es einen, der sich so wie sein großes Vorbild Franziskus nannte. Er war noch jung und ungestüm für einen Ordensbruder: Wenn ihn eine Freude überkam, dann lief er schon mal barfuß in den Wald und kletterte auf einen Baum, sprang übermütig über den Bach und schaute den Fischen beim Blubbern zu. Wenn er in der Natur war, vergaß er die Zeit, weil es so viel zu beobachten und erkunden gab. So kam es, dass ihn seine Mitbrüder des Öfteren am Abend suchen mussten.

Als Franziskus wieder einmal auf dem Weg durch den Wald oberhalb des Klosters unterwegs war, da schien ihm, als ob er etwas funkeln und glitzern sähe. Als er näher kam, sah er einen ganzen Streifen gelber Pfifferlinge halb unter dem Moos versteckt. „Das wird ein wunderbares Abendessen", jubelte er innerlich. Er sprang in die Luft und pfiff ein Liedchen, während er seine reiche Ernte in den Weidenkorb legte. Als er fertig war, hörte er ein leises Kichern. Er schaute sich um, denn er wähnte einen seiner Brüder in der Nähe, doch er sah niemanden. Langsam ging er zurück, und schon knapp am Kloster angelangt sah er wieder dieses Funkeln und Glitzern und hörte ein leises Scharren und Lachen. Plötzlich entdeckte er, wie aus einer Felsspalte vor ihm auf dem Boden zwischen Moos und Steinen ein kleines Bächlein hervorsprudelte.

„Das hab' ich doch noch nie gesehen", rief er aus und hielt sofort eine Hand unter das kleine Quellchen, um einen Schluck zu nehmen. Wieder hörte er ein sanftes Lachen, und als er aufblickte, sah er einen Mann neben sich stehen. Er trug ein einfaches Gewand und hatte ein mildes Lächeln auf den Lippen.
„Franziskus", fragte er, „was machst du an der heiligen Quelle?" Der junge Bruder war verwirrt und erwiderte: „Was für eine heilige Quelle meint Ihr, mein Herr?" Er stand auf und starrte den fremden Mann an. „Das Wasser wird euch die Augen öffnen, ihr werdet Dinge sehen, die niemand sonst sieht", sagte dieser voraus: „Krankheiten werden vergehen, die sonst niemand heilen kann. Bring die Kunde zu den Menschen. Sie sollen zu der Quelle kommen und in meinem Namen Linderung und Trost erfahren."
Der junge Franziskus staunte nicht schlecht ob der Worte, die da gesprochen wurden. „Wer seid Ihr?" entkam es ihm. Der Fremde antwortete: „Ich bin der, der auch den Tieren predigt. Die Sonne ist mein Bruder und der Mond meine Schwester." Da fiel der junge Bruder auf die Knie, weil er erkannte, dass er sein großes Vorbild, Franziskus von Assisi vor sich hatte. Er blickte zu Boden, als er weitersprach. „Warum kann ich Euch sehen?" fragte er: „Seid Ihr ein Geist? Eine Erscheinung? Träume ich nur?" Fünf Minuten wartete er auf eine Antwort, und als er sich wieder traute aufzublicken, war der Fremde verschwunden. Aber die kleine Quelle sprudelte weiterhin munter aus der Erde.
Fassungslos und ziemlich verwirrt kam der junge Franziskus ins Kloster zurück und berichtete seinen Brüdern von der Begegnung. Doch diese glaubten ihm nicht. „Der ist doch wirklich ein Träumer, dieser Jungspund", sagten sie, und keiner ging mit ihm in den Wald, um die wundersame Quelle zu besuchen. Er aber ging jeden Tag, schmückte sie mit Blumen, und mit der Zeit baute er eine Einfassung aus Steinen, damit sich ein kleines Becken mit Wasser füllen konnte.
Eines Tages kam eine Mutter ans Tor des Klosters, sie trug ihr Kind in den Armen. „Helft mir, es will nicht mehr aufwachen", weinte sie ver-

zweifelt: „Es ist vom Baum gefallen, hat sich den Kopf gestoßen und rührt sich seitdem nicht mehr." Da kamen die Brüder und wollten dem Kind den letzten Segen spenden. Doch unser junger Franziskus riss der Mutter das Kind aus den Armen und lief damit in den Wald – hinterdrein seine Mitbrüder und die aufgebrachte Mutter.

Erst an der Quelle holten sie ihn ein, aber da hatte er den Kopf des Kindes schon in das kleine Brunnenbecken gehalten. Zunächst geschah gar nichts. Doch dann sah Franziskus wieder dieses Glitzern und Funkeln, und einen Moment später schlug das Kind die Augen auf. Überglücklich stürzte die Mutter zu ihrem Kind, und alle waren sich einig: Ein Wunder war geschehen! Von diesem Tage an kamen viele Kranke und Heilsuchende zur kleinen Quelle im Wald oberhalb des Klosters.

Und wenn ihr das Johannisbrünnchen – so wird die heilsame Quelle heute genannt – versteckt im Wald findet, dann haltet Ausschau nach dem Glitzern und Funkeln und lauscht auf ein leises Lachen ...

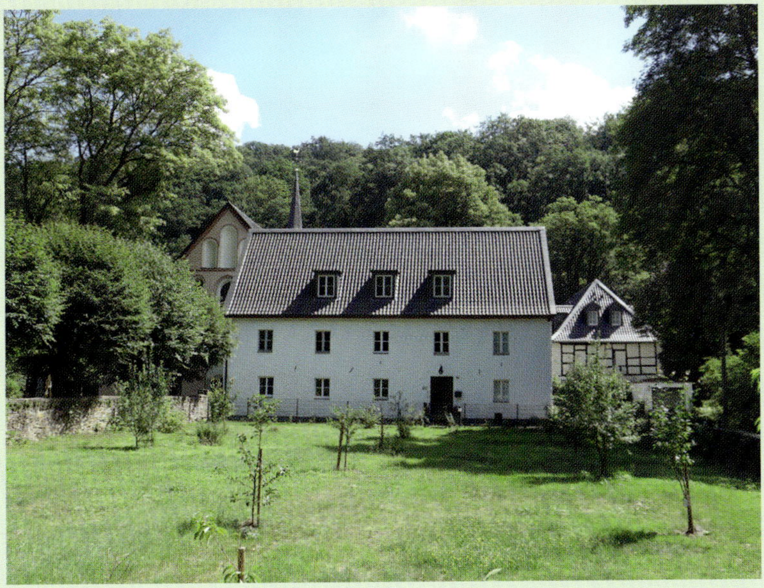

Tour 7

Startpunkt

Zwischenziele

Parkplatz

Haltestelle

Zielpunkt

Familienfreundlich

Sehenswürdigkeit

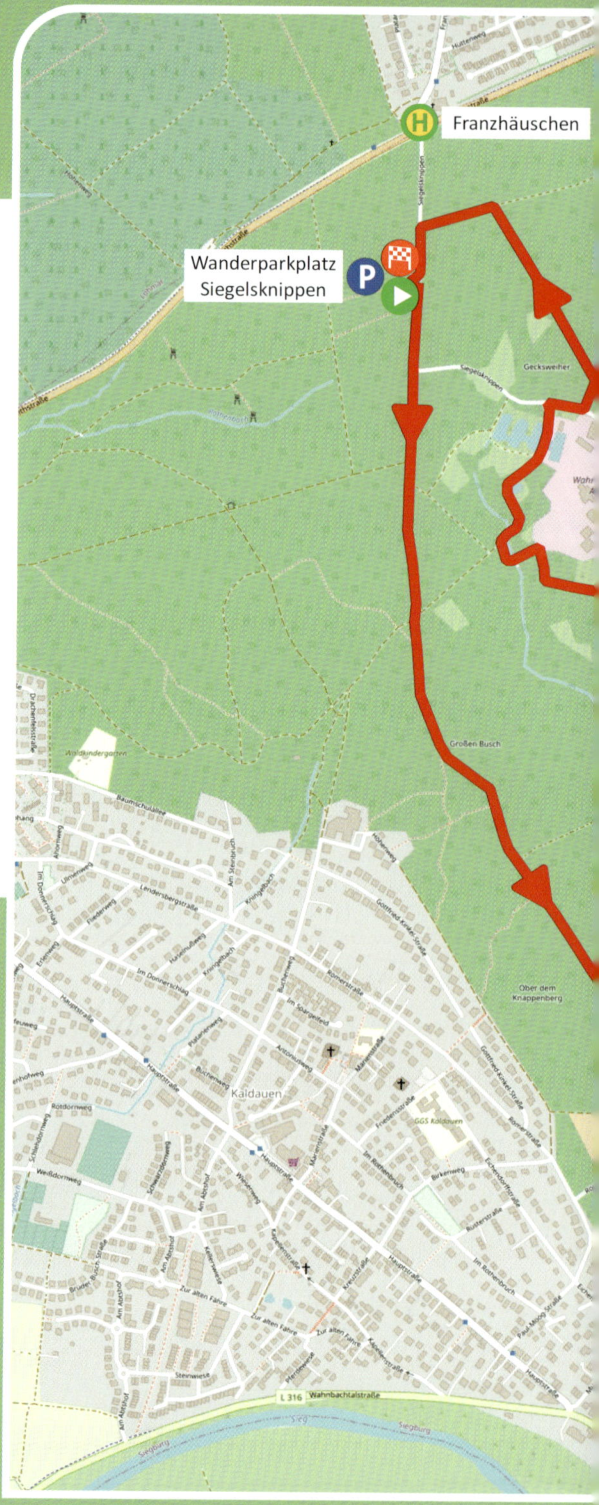

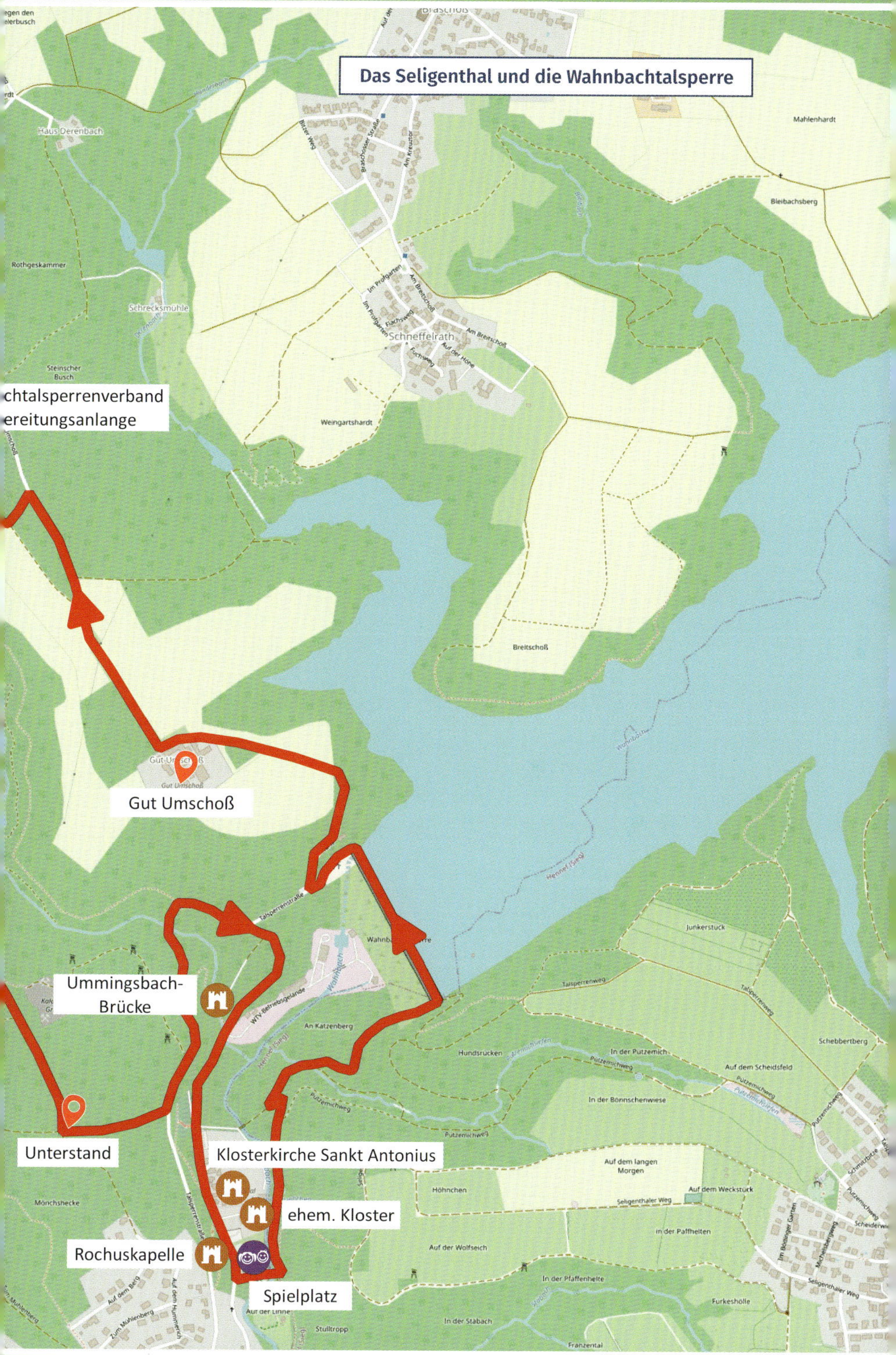
Das Seligenthal und die Wahnbachtalsperre
chtalsperrenverband
ereitungsanlange
Gut Umschoß
Ummingsbach-
Brücke
Unterstand
Klosterkirche Sankt Antonius
ehem. Kloster
Rochuskapelle
Spielplatz

Am Bergischen Rand

Rundwanderung im bergisch-märkischen Grenzbereich um Beyenburg

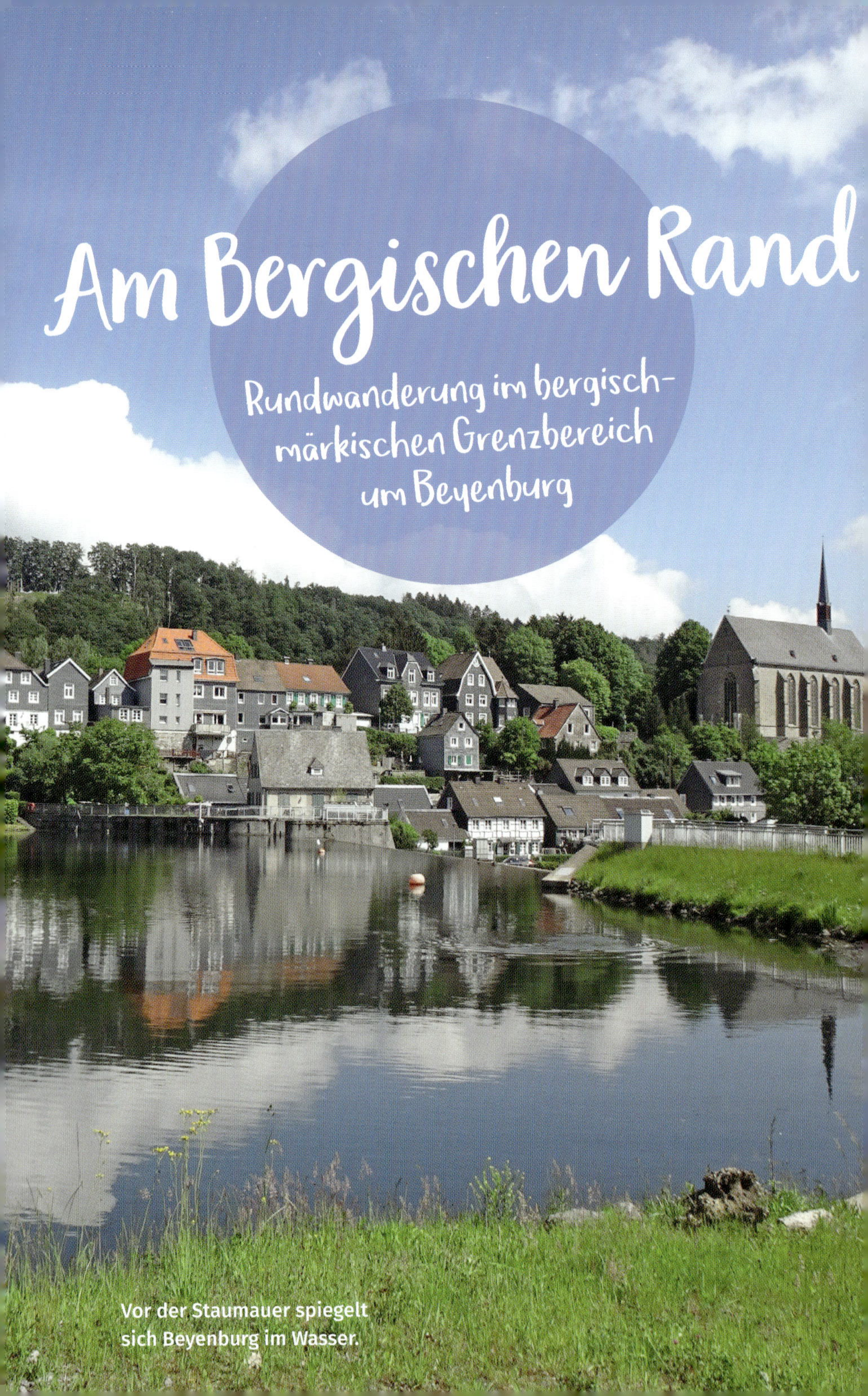

Vor der Staumauer spiegelt sich Beyenburg im Wasser.

Als wollte die Natur dem ewigen Streit um Einfluss und Grenzen ein Schnippchen schlagen, beschreibt die Wupper als Grenzfluss einen fast kreisrunden Bogen um die Freiheit Beyenburg, die letzte Bastion der Grafschaft Berg nach Nord-Osten, umgeben von der Grafschaft Mark. Bis heute ist der Fluss an dieser Stelle die Grenze der Regierungsbezirke Düsseldorf und Arnsberg. Wie um dem Ganzen die Krone aufzusetzen, hat man natürlich vom gegenüberliegenden Ufer den besten Blick auf das Dorf oder vom Bilstein, beides jenseits der Grenze. Streng genommen verläuft unsere Wanderung also größtenteils außerhalb des Bergischen Landes – doch mit einer seiner Perlen als Start- und Zielpunkt.

Tour 8

3:15 Std. | 10,5 km | 151 m

Start/Ziel: Wanderparkplatz Beyenburg-Stausee, Vor d. Hardt 123, 42399 Wuppertal, oder Bushaltestelle Beyenburg-Mitte
Parken: Porta Westfalica, 42399 Wuppertal-Beyenburg
Wegbeschaffenheit: am See und teilweise auf der Höhe asphaltierte Wege ohne Autoverkehr, Forst- und Feldwege, steiler Abstieg vom Bilsteiner Kopf, teilweise über Stufen
Anreise mit ÖPNV: Bushaltestellen Beyenburg-Mitte oder Wupperbrücke
Besonderheit: Die Brücke über den Spreeler Bach war zuletzt nur provisorisch, kann aber über große Steine, einen Baumstamm oder barfuß überwunden werden. Gutes Schuhwerk ist empfehlenswert.

Wegbeschreibung: Vom Parkplatz kommend biegen wir in die Straße „Am Wupperstollen" links ein und gehen an der Bushaltestelle Beyenburg-Mitte vorbei. An der Dreieckskreuzung folgen wir dem Schild nach links zur „Beyenburger Freiheit" bis zur Klosterkirche St. Maria Magdalena. Direkt gegenüber dem Portal lassen wir uns von der gelben Jakobsmuschel auf blauem Grund die Treppe hinunter leiten und wenden uns an ihrem Ende scharf links. Vor dem Spielplatz gehen wir rechts hinunter und dann für wenige Meter nach links. Hier weisen nicht nur die Jakobsweg-Markierungen, sondern auch Schilder zur Kapelle „Maria im Schnee" den Weg über die Brücke.

Hinter der kleinen Kapelle, die etwas unterhalb des Wegs steht, bleiben wir an der Gabelung rechts auf dem Jakobsweg. So wandern wir an Staumauer und Fischtreppe vorbei und genießen die Aus-

Am Weg

Kreuzherren-Kloster und Kirche St. Maria Magdalena

Die Gründung des Klosters fand zunächst nicht auf dem Berg in der Wupperschleife statt, sondern auf dem gegenüberliegenden Hügel. Graf Adolf von Berg hatte den Kreuzbrüdern am Hofgut zum Steinhaus eine Kapelle geschenkt, was sein Bruder, der Kölner Domprobst Konrad 1298 urkundlich bestätigte.

Ein weiterer Bruder, Wilhelm, folgte Adolf in den Grafenstand und schenkte dem Kloster den „Berg Beyenburg" mit der Begründung, dass die vorbeiführende Handelsstraße dem Gebet und dem Gottesdienst nicht dienlich sei.

Der Dreißigjährige Krieg und einige Feuer brachten der Kirche Zerstörung, beim Wiederaufbau nach einem Brand wurde sie im Stil des Barock umgestaltet und erhielt ihr wichtigstes Kunstwerk: den von einem Rubensschüler geschaffenen Hochaltar.

Nach der Säkularisation 1803 verfiel die Kirche, wurde aber wieder aufgebaut, und seit 1963 leben auch wieder Kreuzherren im Kloster, das heute vor allem von der Kirchengemeinde genutzt wird.

Am Weg

Beyenburg

Das kleine Dorf war die letzte Bastion der Grafen von Berg, rundum durch den Fluss fast kreisförmig umflossen und damit getrennt von der Grafschaft Mark. Wohl aus diesem strategischen Grund wurde hier auch eine Burg errichtet, von der über dem See aber nur noch Befestigungsmauern zu erkennen sind. Sie wurde erstmals im Jahre 1336 urkundlich erwähnt und war später Sitz des Bergischen Amtes Beyenburg. Die Burg wurde im Dreißigjährigen Krieg zerstört.

Umgeben von der Grafschaft Mark blieb Beyenburg eine Besonderheit: Denn während die umliegenden Regionen nach der Reformation protestantisch wurden, blieb das bergische Beyenburg wie seine Herren katholisch.

sicht auf Kloster und Freiheit hinter dem See. Nach der Brückenunterquerung bleiben wir noch etwa einen Kilometer am Ufer auf der kleinen Straße. Bevor sie über die Schienen führt, verlassen wir sie auf dem Fußweg, nehmen aber nicht die Brücke ans andere Ufer, sondern – den Jakobsweg verlassend – die Unterführung nach links. Auf der anderen Seite der Straße wandern wir an dem Fabrikgebäude vorbei und wenden uns dahinter auf dem Forstweg nach links. Der als Wappenweg markierte Wanderweg führt uns am Zaun des Werks entlang durch schönen Wald.

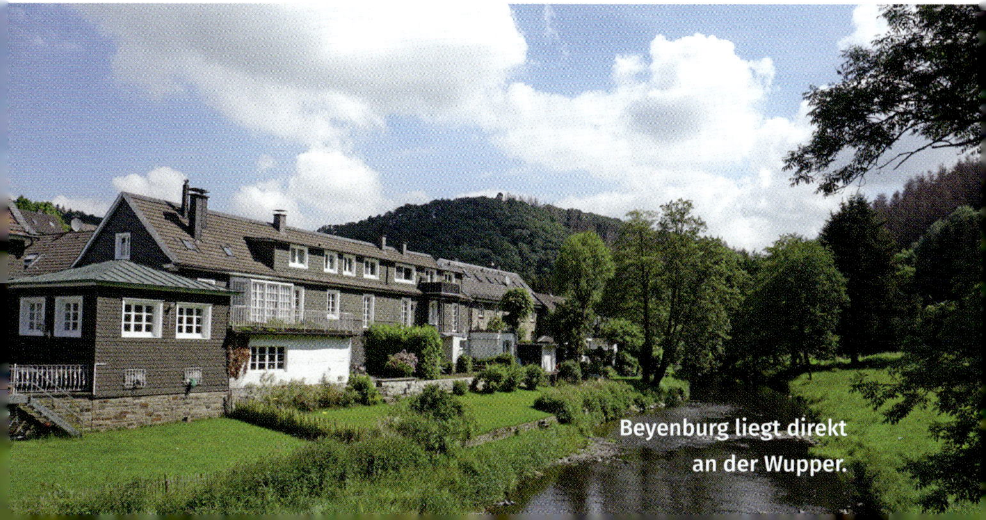

Beyenburg liegt direkt an der Wupper.

Kurz hinter einem einzelnen Haus zweigt der markierte Wanderpfad in der Rechtskurve links zum Bach hinunter ab. Wir überqueren diesen über provisorisch bereitgelegte größere Steine. Dahinter wenden wir uns nach rechts und wandern begleitet vom Plätschern des Wassers durch das Tal des Spreeler Baches. Nach einer Steigung erreichen wir einen Querweg, auf dem wir den Wappenweg nach links verlassen. Der kleine Asphaltweg führt auf die Höhe, Rundumsicht inklusive.
Vor dem Bauernhof biegen wir rechts und gleich wieder rechts ab. Die kleine Stichstraße geht bald in einen Feldweg über. An der Gaststätte „Zur Hölzernen Klinke" überqueren wir die Straße und biegen auf dem nächsten Feldweg nach rechts ab, auf dem mit einem x markierten Wanderweg. Auf der Kuppe erreichen wir den höchsten Punkt dieser Wanderung.
Gleich hinter dem einzelnen Haus zweigt scharf links ein schmaler Pfad ab. Er ist wieder als Wappenweg gekennzeichnet und führt abwärts am Feld entlang Richtung Wald.
Variante: An der nächsten breiteren Kreuzung gehen nur die auf dem Wappenweg geradeaus weiter, die sich hier schon sicher sind, dass sie den steilen Abstieg vom Bilsteiner Kopf auf keinen Fall riskieren wollen. Der Bilstein ist von hier etwa einen Kilometer entfernt.

Am Weg

Beyenburger Stausee

In den 50er-Jahren errichtet sollte der Beyenburger Stausee vor allem der Wasserstandsregulierung der Wupper dienen, also auch dem Hochwasserschutz. Im Vergleich zu den zahlreichen Stauseen der Umgebung ist dieser relativ klein und hat dabei fast die Anmutung einer Regatta-Bahn, so lang und schmal, wie er ist. Kein Wunder also, dass sich an seinem Ufer zahlreiche Paddel- und Rudervereine angesiedelt haben. Vor der Biegung unterhalb des Dorfes hat der See eine fast runde Form, so dass er von oben betrachtet fast wie eine Note aussieht.

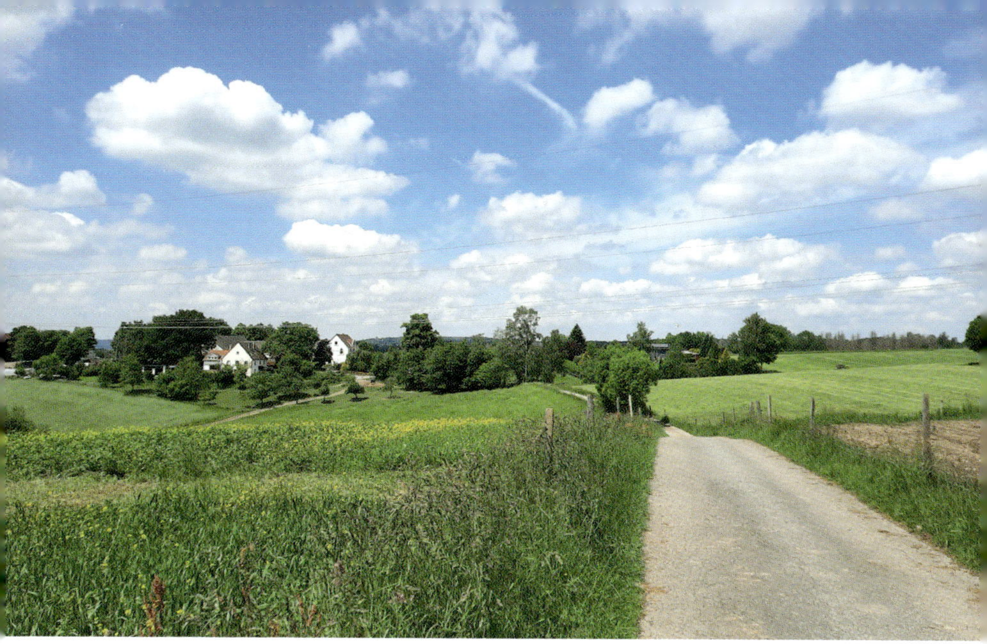

Über die Höhen geht es auf Hillringhausen zu.

Unsere Route verlässt hier den Wappenweg nach links. In den ebenfalls breiten Querweg biegen wir rechts ab und wandern dort, wo der breite Forstweg eine Linkskurve beschreibt, geradeaus auf den Pfad.

Vom Bilsteiner Kopf führt ein sehr steiler Pfad hinunter bis zur Wupper. Treppenstufen und Geländer sichern den Abstieg auch bei feuchten Bodenverhältnissen. Der Abstieg erfordert zwar durchaus Trittsicherheit, bietet aber auch ein besonderes Erlebnis mit dem Gang unter den schroffen Felswänden und -spornen.

Auf der anderen Seite des Flusses wartet das Landhaus Bilstein auf unsere Einkehr. Seit der verheerenden Flut im Sommer 2021 nennt es sich Landunter-Haus. Wer möchte, kann von hier aus auch einfach geradeaus durch das Dorf zurückgehen. Die hier beschriebene Route bleibt aber auf der Bilsteiner Seite der Wupper und wendet sich davor nach rechts.

Zwischen steil aufragenden schroffen Felswänden und der Wupper wandern wir nun auf der anderen Seite von Beyenburg weiter, bis wir in die Straße links einbiegen und zur breiten Wupperstraße hinuntergehen. Dort links abgebogen gelangen wir zum Parkplatz zurück, die nächste Bushaltestelle findet sich auch gleich hier.

Am Weg

Bilstein

In der schroffen Felswand hinter der Wupperschleife, sollen einst in Höhlen und Spalten Zwerge gelebt haben. Sie haben mit ihren kleinen Hämmern und Beilen das Erz aus dem Berg gewonnen und waren den Menschen in Beyenburg oft hilfsbereite Nachbarn, die Glück und Reichtum brachten. So wollen es die zahlreichen Legenden – die wahrscheinlich einen realistischen Kern hatten: Auch Kinder arbeiteten einst im Berg und bargen das wertvolle Gestein, das einen gewissen Wohlstand versprach. Aber wer weiß, vielleicht leben ja wirklich Zwerge im Bilstein? Wer vom Bilsteiner Kopf an den schroffen Felsen vorbei zum Fluss hinabsteigt, braucht gar nicht viel Fantasie, um sich das vorzustellen ...

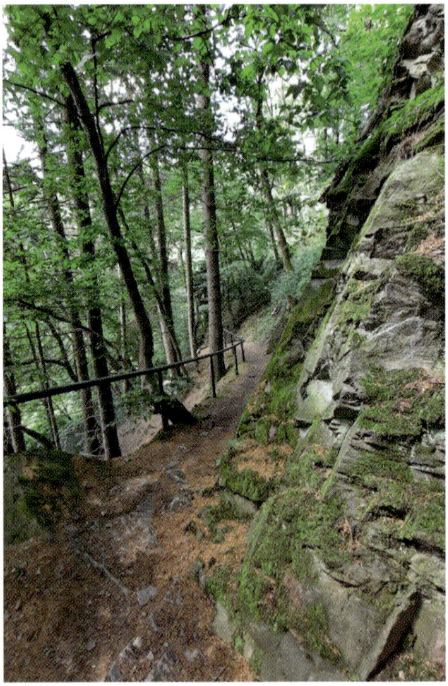

Gastronomie

Birks kleines Café, Am Kriegermal 56, 42399 Wuppertal-Beyenburg, Telefon 0202/75889600

Café Bootshaus, Ackersiepen 98A, 58256 Ennepetal, Telefon 02027/6955840, www.cafe-bootshaus.metro.rest

Zur Hölzernen Klinke, Hölzerne Klinke 86, 58256 Ennepetal, Telefon 02333/91680, www.h-klinke.de

Landhaus Bilstein, Zum Bilstein 25, 42399 Wuppertal-Beyenburg, Telefon 0202/611209, www.landunter-hausbilstein.de

Die drei Raben von Beyenburg

Alt-Beyenburg mit seinen schiefergetäfelten Fachwerkhäusern und der gotischen Magdalena-Kirche lag einst an der ehemaligen Furt der Wupper. Zu dieser Zeit, als ein wichtiger Handelsweg an dem Ort vorbeiführte und Händler, Pilger und Handwerker noch zu Fuß, mit Wagen und Kutschen hindurchkamen, spielt unsere Geschichte.

Es waren einmal drei Brüder. Sie waren sich in Aussehen und Art gar nicht ähnlich: Der eine war klein und dick und eher gemütlich, der andere groß und schlaksig und ziemlich nervös, und der dritte kernig und athletisch und reichlich prahlerisch.

Da der Vater früh verstarb, musste die Mutter ihre Söhne aussenden, um Geld zu verdienen.

Der eine ging in den Norden, der zweite in den Süden und der dritte nach Westen. Mit nichts als dem Andenken an ihre drei Söhne blieb die Mutter allein in dem alten Haus zurück.

Währenddessen kamen die drei Burschen auf ihren Wegen an vielen Orten vorbei, an denen sie Arbeit fanden. Doch keiner von ihnen blieb lange: Der eine Bruder war zu träge, um sich wirklich anzustrengen, der zweite zu nervös, um sich auf etwas zu konzentrieren, und der dritte so überheblich, dass man seiner schnell überdrüssig wurde. Also zogen sie durch die Lande, ohne das benötigte Geld zu verdienen.

Zu Hause in Beyenburg hatte die Mutter fast nichts mehr zu essen. Immer dünner und blasser wurde sie, und bald konnte sie gar nicht mehr aufstehen. So kam es, dass die Nachbarstochter sich erbarmte. Sie besuchte die ältere Frau immer wieder einmal und brachte ihr etwas Brot und Butter und an den Sonntagen manchmal auch eine kräftige Suppe. Obwohl sie wieder zu Kräften kam, dachte sie jeden Tag an ihre Söhne, saß am Fenster und sprach mit drei Raben, die sich auf ihrer Fensterbank niederließen. Und immer teilte sie das wenige, was sie hatte, mit ihnen.

Zu dieser Zeit machte ein Fahrendes Volk, das vom Norden in den Süden zog, auch in Beyenburg Halt. Mit viel Getöse bauten sie ihre Zelte auf, und am nächsten Tag gab es ein großes Fest. In allen Gassen wurde gesungen, getanzt und gelacht. Die Nachbarstochter nahm das Mütterchen mit, und als sie am Zelt der Wahrsagerin vorbeikamen, zog sie sie schnell hinein. „Vielleicht könnte man etwas über die abtrünnigen Söhne erfahren", sagte sie und legte großzügig zwei Münzen auf den Tisch der Wahrsagerin, die schon ihre Glaskugel zückte, um in die Zukunft zu blicken: „Ich sehe deine drei Söhne in allen Himmelsrichtungen verstreut. Sie leben, aber sie haben allesamt kein Geld verdient. Der eine ist faul, der andere nachlässig und der dritte eingebildet." Da weinte die Mutter bitterlich, so sehr hatte sie gehofft, ihre Söhne bald wiederzusehen. Plötzlich beschwor die Wahrsagerin sie: „Sende die drei Raben aus! Sie sollen deine Burschen suchen und nach Hause führen. Auf dem Weg wird ihnen das Glück begegnen!"
Und so flog am nächsten Tag ein Rabe in den Süden, der andere in den Norden und der dritte in den Westen. Es vergingen keine drei Wochen, und die drei Söhne standen vor der Tür der Mutter. Einer brachte ein Stück Gold, der nächste einen Sack voll Taler und der dritte nur ein blaues Auge. Nach all der Wiedersehensfreude, fragte die Mutter: „Was ist euch passiert?"
Da erzählte der Älteste: „Vor drei Wochen flog ein Rabe auf mich zu, er setzte sich auf meinen Kopf und wollte von dort nicht mehr wegfliegen. Immer wieder zeigte er mit seinem Schnabel gen Norden und krächzte fürchterlich. Da ging ich den Weg zurück, den ich gekommen war, so schnell, wie mich meine Beine trugen. Doch als ich schon fast angekommen war, traf ich den Grafen von Berg. Er ritt an mir vorbei, und da er den Raben so amüsant fand, der auf meinem Kopf Kunststücke machte, warf er mir ein Stück Gold vor die Füße und lud mich ein, bei Hofe als Narr aufzutreten. ‚Du wirst es nicht bereuen, mich zu unterhalten', versprach er mir. Und so habe ich ein Stück Gold und Arbeit gefunden."

Der Zweite sprach: „Ich ging gerade meiner Wege, als plötzlich dieser Rabe vor meine Füße sprang. Er krächzte nicht, sondern sprach: ‚Deine Mutter verzehrt sich nach dir, geh nach Hause, ich zeige dir den Weg zurück.' Und ich folgte ihm auf schnellem Fuße hierher. Doch bevor ich im Ort ankam, traf ich den Erzbischof von Köln. Er war mit seinen Gefolgsmännern unterwegs, und als er meinen Raben sprechen hörte, rief er aus seiner Kutsche: ‚Den will ich haben! Hier hast du einen Beutel voll Taler, und der Vogel gehört mir.' So geschah es: Ich überließ ihm das Tier und war ein reicher Mann."

Dann war der jüngste Sohn an der Reihe, und da er sich sehr gern selbst reden hörte, dauerte es einige Zeit, bis er zum Punkt kam: „Ich saß gerade am Plumpsklo, als dieses Rabenvieh sich einfach auf meine Schulter setzte. Was sollte ich machen? Ich schlug ihn tot. Er hätte mir meine Kleidung zerkratzen oder sogar meine schönen Augen aushacken können."

„Aber warum wusstest du, dass du zurückkehren solltest?", fragten die älteren Brüder: Und woher hast du das blaue Auge?"

„Der Rabe hatte ein Brieflein um den Hals, darauf stand: Kehr heim zum Mütterlein! Und da schnürte ich mein Bündel, ging nach Osten, und war kaum im Ort angekommen, als mir plötzlich der Bürgermeister und seine Gattin über den Weg liefen. ‚Wie siehst du denn aus?' fragte er, und ich erwiderte forsch: ‚Na auf jeden Fall besser als Sie, Herr Bürgermeister.' Weil ich über meinen guten Witz so lachen musste, übersah ich einen Stein, fiel der Länge nach auf die Straße und schlug mir ein blaues Auge."

Er wollte es sich gerade auf dem Sofa bequem machen, als die Mutter auf ihn zukam und traurig sprach: „Erkennst du nicht, dass dich deine Prahlerei und Herzlosigkeit im Leben nicht weiterbringen? Ich will dich nicht mehr in meinem Haus haben! Komm erst wieder, wenn in deiner Brust ein echtes Herz schlägt."

Da ging er mit erhobenem Haupt die Straße hinunter und ward von diesem Tage an in Beyenburg nicht mehr gesehen.

Tour 8

Startpunkt

Zwischenziele

Parkplatz

Haltestelle

Zielpunkt

Gastronomie

Sehenswürdigkeit

Aussichtspunkt

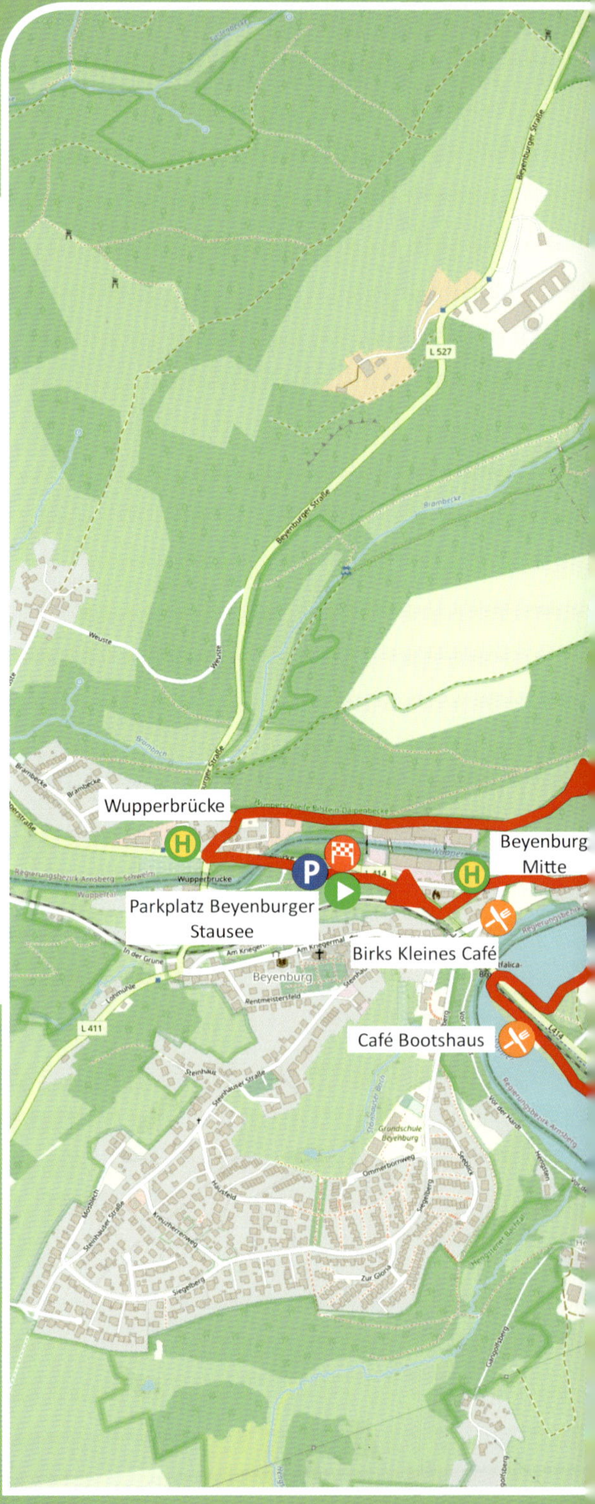

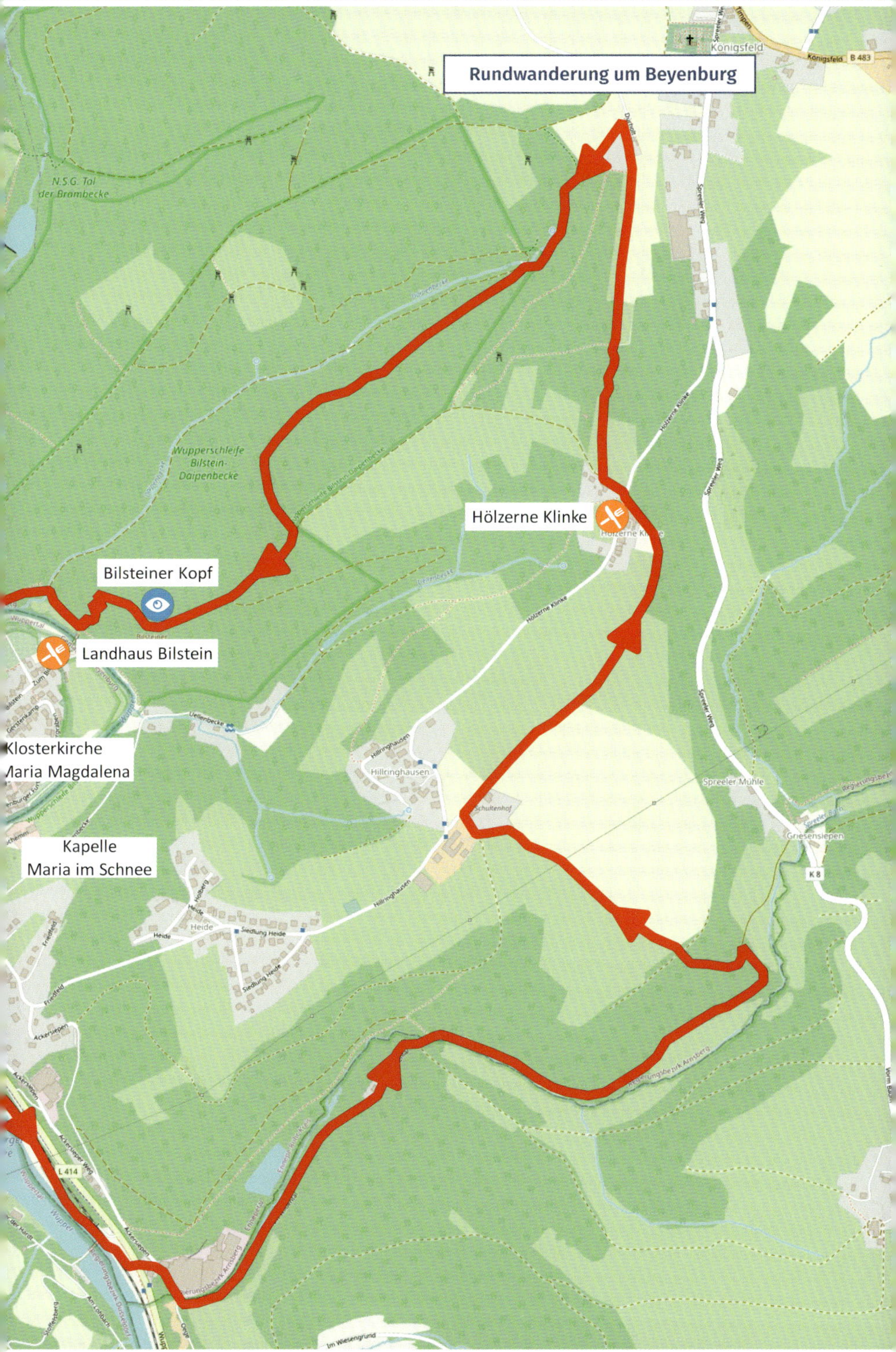
Rundwanderung um Beyenburg
Königsfeld
B 483
N.S.G. Tal der Brambecke
Wupperschleife Bilstein-Daipenbecke
Bilsteiner Kopf
Landhaus Bilstein
Hölzerne Klinke
Klosterkirche
Magdalena
Kapelle
Maria im Schnee
Hillringhausen
Schultenhof
Spreeler Weg
Spreeler Mühle
Griesensiepen
K 8
Heide
Siedlung Heide
Friedfeld
Ackersiepen
L 414
Wupper
Im Wiesengrund

Elfentanzplatz über der Bever

Rundwanderung bei Hückeswagen

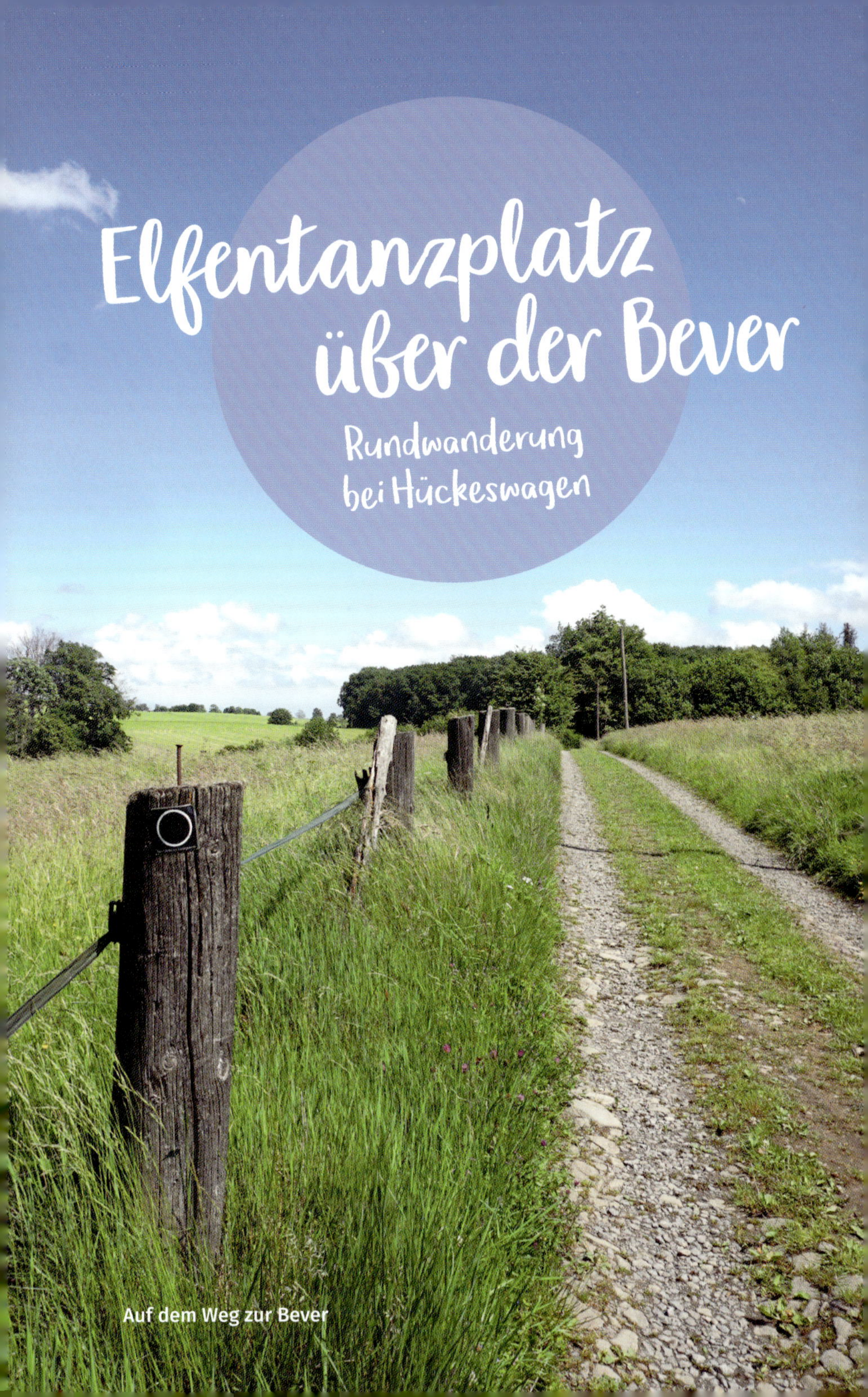

Auf dem Weg zur Bever

Dass sich laut Legende die Elfen diesen Ort zum Tanzen ausgesucht haben, verwundert nicht. Auch wenn sich die Region inzwischen durch die Talsperren der Wupper und der Bever sehr verändert hat, sie ist doch von großer Schönheit sowohl im Tal und am malerischen Ufer des Beversees als auch auf den lichten Höhen mit ihren unglaublichen Fernsichten, die sich bei klarem Wetter bieten: Dann kann man über all die anderen Berge des Bergischen Landes hinweg oder zwischen ihnen hindurch bis zum Siebengebirge schauen. Malerisch und allemal mehr als nur einen Blick wert ist die Hückeswagener Altstadt unter dem Schloss.

Tour 9

3:15 Std. | 11 km | 143 m

Start/Ziel: Wanderparkplatz Mühlenweg, Mühlenweg 5, 42499 Hückeswagen
Wegbeschaffenheit: überwiegend breite Forst- und Feldwege, kurze Passagen auf schmalen asphaltierten Wegen ohne Verkehr, kurzer Übergang (220 Meter) auf einer an Wochenenden stärker befahrenen schmalen Straße
Anreise mit ÖPNV: Bushaltestellen Hückeswagen-Wupperbrücke oder Bahnhofstraße

Wegbeschreibung: Vom Wanderparkplatz gehen wir zur Wupper und wenden uns vor dem Fluss nach links und überqueren die Brücke. Am anderen Ufer folgen wir dem Weg nach links und bleiben für eine ganze Weile – nämlich für 1,7 Kilometer – an der Wupper. Wo der Fluss eine enge Kurve nach links beschreibt und wir links eine weitere Brücke sehen können, oder genauer: ein Vorsperrwerk der Wuppertalsperre, biegen wir nach rechts in einen Wanderweg ab. Er ist hier mit einem Kreis gekennzeichnet und führt uns an der Pixbergermühle vorbei zu einer schmalen Straße.

Wir wenden uns nach rechts bergauf, bis die Wiese rechts unterhalb der kleinen, ruhigen Straße endet. Dort zweigt ein breiter Forstweg nach links ab, der sofort eine Rechtskurve beschreibt und weiter bergauf führt. Immer noch folgen wir dem Kreis und das bedeutet, dass wir geradeaus wandern, wo der breite Forstweg nach rechts abknickt.

Es ist dies eine Abkürzung, denn schon bald treffen wir wieder auf den breiten Weg, in den wir nun links einbiegen. Hinter dem Hof „Böckel" gelangen wir an einer Kreuzung an eine Schutzhütte, von der wir eine wunderbare Aussicht auf Hückeswagen haben. Unse-

Am Weg

Altstadt

Die Hückeswagener Altstadt ist auf jeden Fall einen Besuch wert. Sie liegt größtenteils auf dem Hügel über der Wupper in der Nähe des Schlosses. Wenn man vom Schloss kommt und an der evangelischen Kirche steht, ist man bereits umgeben von denkmalgeschützten Häusern. Aber außer den kleinen Fachwerkhäusern sind auch die stolzen Tuchmachervillen an der Bachstraße sehenswert, Zeugnisse der Blütezeit als Zentrum der Textilindustrie.

Informationen unter: www.hueckeswagen.de/tourismus-kultur/tourismus/historischer-stadtkern/

Am Weg

Schloss Hückeswagen

Erstmals urkundlich erwähnt wird der Stammsitz Hückeswagen im Jahre 1085. Ein fränkischer Hof aus dem Erbe der Essener Fürstäbtissin Swanhildis wurde mit Brief und Siegel des Kaisers Heinrich IV. übergeben. Doch bereits davor wird es vermutlich auf dem Felsvorsprung über dem Fluss eine Burg gegeben haben. Überliefert als älteste Ortbezeichnung ist „Hukengeswage", was angeblich so viel bedeutet wie „Siedlung der Sippe des Huking am Wasser". Grafen von Hückeswagen soll es zwar gegeben haben, aber nur für kurze Zeit, dann diente die Burg als Sitz der Margarethe von Berg, der Witwe des Grafen Adolf.

Heute beherbergt das Schloss das Heimatmuseum. Es ist in der ehemaligen Schlosskirche untergebracht, wo einst der große Saalbau nach der Reformation als Kirche für die Katholiken eingerichtet worden war. Der Eintritt ins Museum ist frei.

Informationen unter: www.hueckeswagen.de

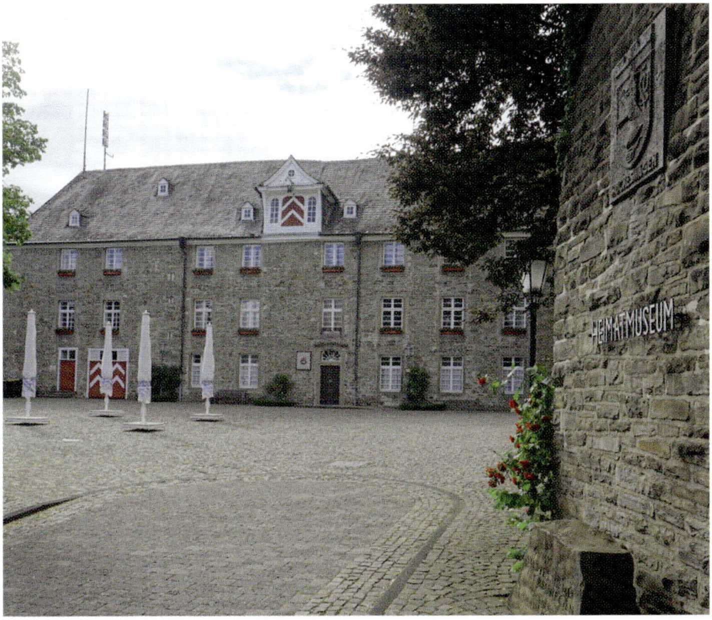

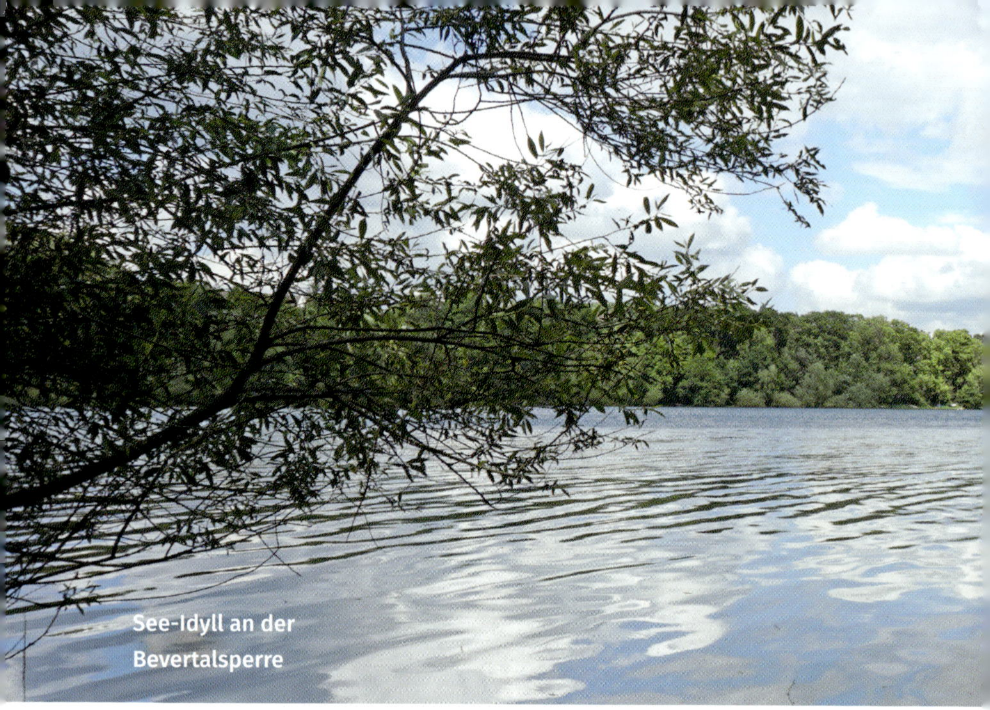
See-Idyll an der Bevertalsperre

re Route führt aber nicht nach rechts, sondern auf der Höhe leicht links weiter. Der Weg ist nach wie vor mit dem Kreis markiert, und wir folgen ihm aufs Feld und auf die Höfe zu.
Hinter der kleinen Siedlung, die „Wüste“ heißt, bleiben wir auf dem Asphaltsträßchen bis zur Rechtskurve. Dort wandern wir geradeaus auf den Feldweg, auf dem mit A 3 und einem Dreieck gekennzeich-

Am Weg

Bevertalsperre

An warmen Tagen lohnt es sich durchaus, Badesachen einzupacken: An der Bevertalsperre gibt es ausgewiesene Badestellen. Die sehr gute Wasserqualität wird ständig überwacht. Den Stausee gibt es seit 1938, gestaut wird das Wasser des Wupper-Nebenflusses Bever und weiterer Bäche. Die Talsperre dient der Wasserregulierung und ist voll aufgestaut etwa 200 Hektar groß. Noch verlockender wäre es ja mit den Elfen an ihren Tanzplätzen zu baden. Da diese aber leider in Privatbesitz und verlandet sind, können wir nur an ihnen vorbeiwandern ...

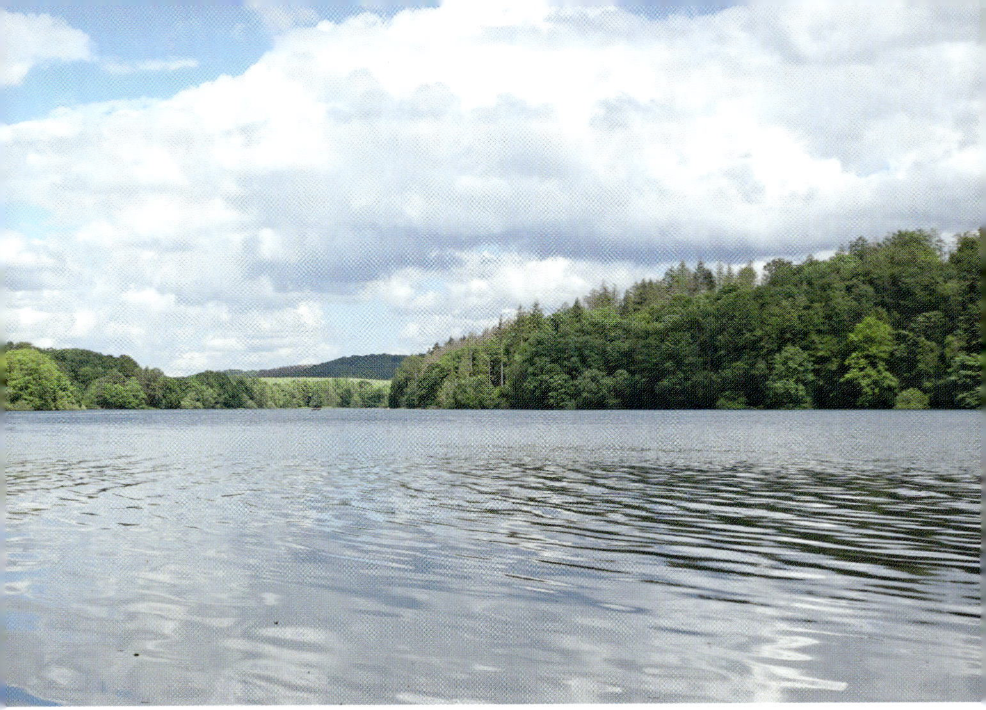

neten Wanderweg. Wir halten auf das Wäldchen zu und gehen davor auf dem Asphaltweg nach rechts.

Die Landstraße überqueren wir Richtung Eckenhausen. Hinter dem Hof wenden wir uns nach rechts und noch vor dem letzten Haus auf der linken Seite zweigt nach links zwischen Feld und Grundstück der Wanderweg ab, der uns hinunter ins Tal bringt. Dort biegen wir nach rechts auf den breiten Forstweg ab, der uns nun für eine Weile an der Bevertalsperre entlangführt.

Für gut eineinhalb Kilometer folgen wir dem Weg direkt am Wasser entlang, bevor er bergauf zu einer Kreuzung leitet. Dort gehen wir geradeaus, rechts der Wiese. An einer Bank in der Linkskurve folgen wir dem Forstweg bis zur Straße, in die wir auf dem gegenüberliegenden Radweg nach rechts abbiegen. In die kleine Straße Richtung Großberghausen biegen wir links ab.

Für gut 200 Meter geht es entlang dieser schmalen, aber am Wochenende bei Motorradfahrern beliebten Straße, dann zweigt unsere Route hinter der Allee nach rechts auf den Feldweg ab.

In der Senke links von uns befindet sich der märchenhafte Elfenweiher. Auf der Anhöhe gehen wir an der Gabelung links und bleiben dem Forstweg auch über eine Kreuzung hinweg treu. Wie durch eine Allee geht es geradeaus weiter und dann rechts hinunter auf Hückeswagen zu. In die Querstraße schwenken wir rechts ein und gehen sofort links hinunter am alten Fabrikgebäude vorbei. Die nächste Straße bringt uns hinunter zur Wupper und über die Brücke. Am Kreisverkehr wechseln wir die Straßenseite und gehen nach rechts auf dem Mühlenweg zurück zum Wanderparkplatz.

Gastronomie

Diverse in Hückeswagen

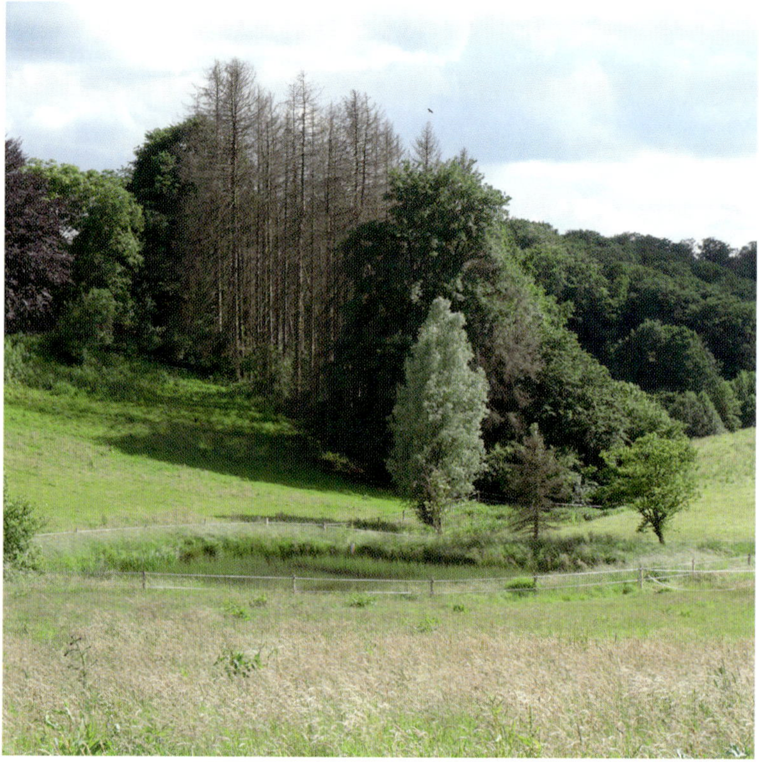

Um diesen Weiher tanzen die Elfen.

Wie Graf Sigewin ein Aug' verlor

Es gibt viele Legenden und Sagen über die engelsgleichen, strahlenden Wesen, die in mondhellen Nächten um einen glänzenden Weiher ihre Tänze vollführen und sich von den Menschen dabei beobachten lassen. Auch aus der Nähe von Hückeswagen wird solches berichtet, nämlich von Elfen am Weiher unterhalb des Buschehofs. Warum es den Sterblichen nicht gestattet ist, diesem Schauspiel innezuwohnen, davon erzählt also dieses Märchen.

Es war einmal ein Graf, der baute sich sein Schloss an einen fabelhaften Ort. Nicht fern von Bever und Wupper ritt er über seine Felder und Wiesen. Vor allem des Nachts, wenn der Mond sich durch die Bäume stahl, war er begeistert von der berauschenden Magie jenseits des Flusses. Nun lebte Graf Sigewin von Hückeswagen schon seit Jahren allein in seinem Schloss, er hatte sich nie aufraffen können, einer Frau das Jawort zu geben. Die eine war zu hässlich, die andere zu schön, die eine zu klug und die andere zu dumm. Irgendetwas auszusetzen gab es schließlich immer, und so entging der Graf dem Hafen der Ehe und störte sich nicht weiter daran. Längst hatte er die Dreißig überschritten, als er immer noch allein über seine Felder ritt und seinen Untertanen bei der harten Feldarbeit zusah.

Eines Nachmittags kam er wieder einmal an einem seiner Äcker vorbei, die Sonne brannte vom Himmel, und die Arbeiter, die sich um seine Felder kümmerten, waren mit hochroten Köpfen und schweißgetränkter Kleidung zugange.

Da fasste sich der Graf – der ein guter Mann war – ein Herz und verkündete: „Kommt, wir wollen eine Pause machen!“ Er rief sein Gesinde unter einen Baum und wies seine Diener an, aus dem Schloss kalte Getränke zu holen.

Dankbar setzten sich die Männer und Frauen unter die schattenspendenden Bäume. Manche schliefen sofort ein, andere unterhielten sich lachend und tranken von dem köstlichen Gebräu aus dem Schlosskeller.

Der Graf saß am Rande der Gruppe und beobachtete seine Leute. Da fiel sein Blick auf eine junge Frau: Sie war besonders hellhäutig, fast durchscheinend, mit weißblondem Haar und einem glänzenden, weißen Kleid. „Wie kann dieses Wesen bei der Hitze auf meinen Feldern arbeiten?" fragte er sich, und nach kurzem Zögern begab er sich zur Gruppe und setzte sich zu der besonderen Maid. Diese sah erstaunt auf und schenkte dem Grafen ein strahlendes Lächeln. „Was seid ihr für ein gutherziger Patron", flüsterte sie im zu. Daraufhin errötete der Graf, der sonst immer sehr selbstbewusst war. „Meine Brüder und Schwestern werden es euch vergelten", sprach sie, stand auf und setzte sich ans andere Ende der Gruppe.

Verwirrt und enttäuscht ging der Graf zu seinem Pferd, doch bevor er aufstieg, rief er seinen Leuten zu: „Für heute ist die Arbeit beendet, bleibt sitzen so lange ihr wollt und feiert in meinem Namen." Noch Tage später ging ihm dieses durchscheinende Wesen nicht aus dem Kopf. Und als er mitten in der Nacht erwachte, konnte er nicht mehr einschlafen. Hell schien der Vollmond in sein Gemach, und ehe er sich's versah, sattelte er sein Pferd und ritt in wildem Galopp über die Felder. Auf dem Rückweg von der Bever kam er an dem beschaulichen Weiher oberhalb des Wuppertals vorbei, und das Schauspiel, das sich ihm dort bot, ließ ihn mit glänzenden Augen von seinem Pferd steigen. Tanzende Wesen bewegten sich in einem Reigen um den Weiher, die weißen Gewänder funkelten im silbernen Mondlicht. Es war, als wäre das Sternenzelt auf die Erde gekommen, um sich aus dem Wasser zu erheben. Als er sich langsam näherte, erkannte er unter den tanzenden Gestalten die Frau vom Feld. Sie tanzte mit geschlossenen Augen und bewegte sich elfengleich zu einer Musik, die nur sie hören konnte.

Da trat er versehentlich auf einen Zweig, ein Knacken schallte über die Wiese und in der gleichen Sekunde war das Spektakel beendet. Allein die Frau, die er schon kannte, blieb am Weiher zurück. Überwältigt von seinen Gefühlen lief er auf sie zu und nahm die schluchzende Frau in seine Arme. „Warum weinst du?" fragte er mitfühlend. Da klagte sie: „Ich kann nicht mit den anderen gehen." Der Graf beugte sich zu ihr hinunter und fragte zärtlich: „Warum ist das so?" Sie hob den Kopf und schaute vertrauensvoll zu ihm auf: „Ich bin ein Kind von Elf und Mensch. Aus beiden Welten – aber nirgendwo zu Hause." Und wieder begann sie, bitterlich zu weinen. Da fasste sich der Graf ein Herz und erklärte ritterlich: „Wenn ich dich damit aus deiner misslichen Lage befreien kann, dann werde meine Frau, heirate mich und werde Teil von meiner Welt!"

In dem Moment, als die Worte gesprochen waren, erschienen die anderen Elfen rund um das ungleiche Paar. „Das geht nicht, sie kann nicht eine aus eurer Welt werden, sie hat beides Blut in sich", mahnte eine Elfe. Doch eine andere widersprach: „Es gibt eine Möglichkeit den Bann zu brechen. Wir müssen dafür ein Opfer fordern!" Daraufhin entschied ein Elf: „Jeder Mensch, der in Zukunft einen Elfenreigen beobachtet, wird sein Augenlicht verlieren! Auch dein Augenlicht wird davon betroffen sein. Willst du diesen Pakt schließen? Wenn dem so ist, dann kann sie deine Frau werden?"

Noch bevor der Graf antworten konnte, schrie die junge Frau: „Nein, das lasse ich niemals geschehen", und riss sich aus seinen Armen: „Niemals werde ich zulassen, dass du dein Augenlicht verlierst." Aber da der Graf sie unbedingt zu seiner Frau nehmen wollte, fiel ihm ein Ausweg ein: „Als ich euch gesehen habe, galt der Pakt ja noch nicht. Lasst ihn uns nun schließen. Aber vorher binde ich mir ein Tuch über ein Auge, dann werde ich weiterhin auf dem anderen Auge sehen können." Schnell band er sich eine Binde um den Kopf. „Gilt der Pakt also?" fragte er die Elfen. Diese schienen zufrieden mit der Lösung und der Elfenmann entschied: „Dadurch wird sie für immer zum Menschen werden."

Und so kam es dann auch: Der Graf verlor zwar ein Auge, aber dafür erhielt er die Frau, die er liebte. Und die junge Frau konnte endlich in einer der beiden Welten glücklich werden.

Doch der Pakt zwischen Menschen und Elfen besteht immer noch: Also Vorsicht, solltet ihr einst zur Nachtzeit am Elfenweiher vorbeiwandern ...

Tour 9

Startpunkt

Zwischenziele

Parkplatz

Haltestelle

Zielpunkt

Sehenswürdigkeit

Naturerlebnis

Kulturstätte

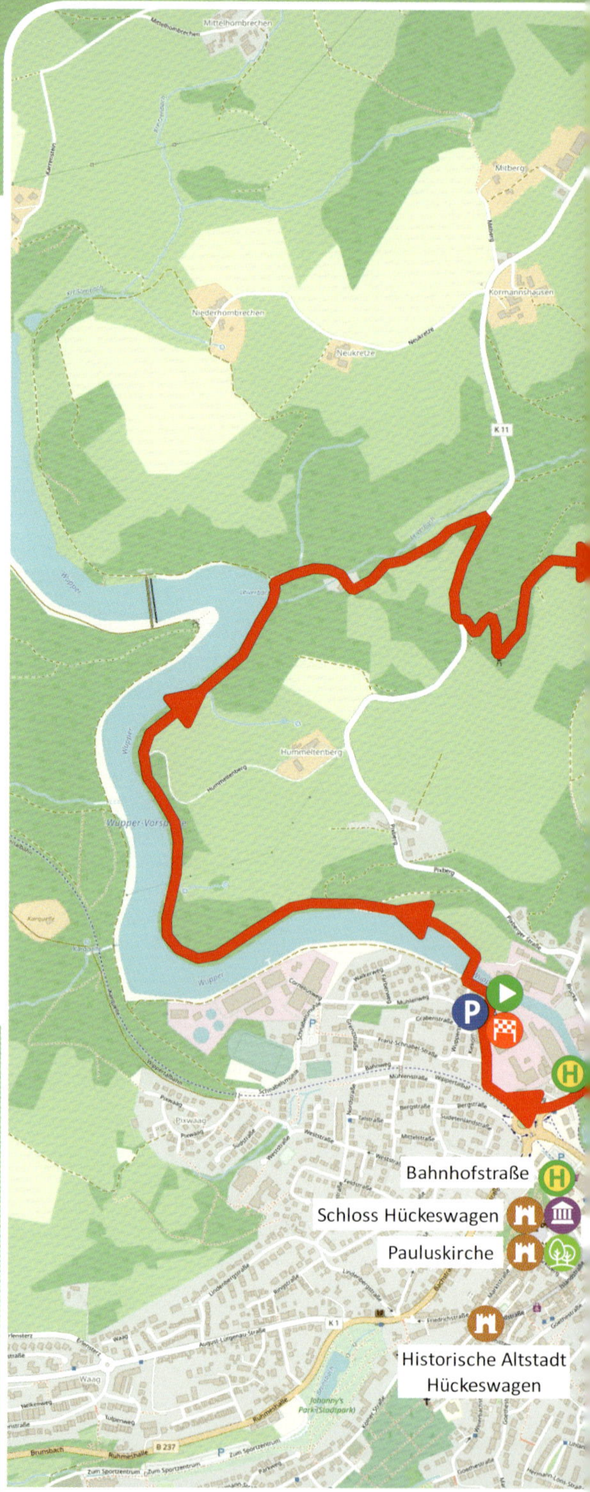

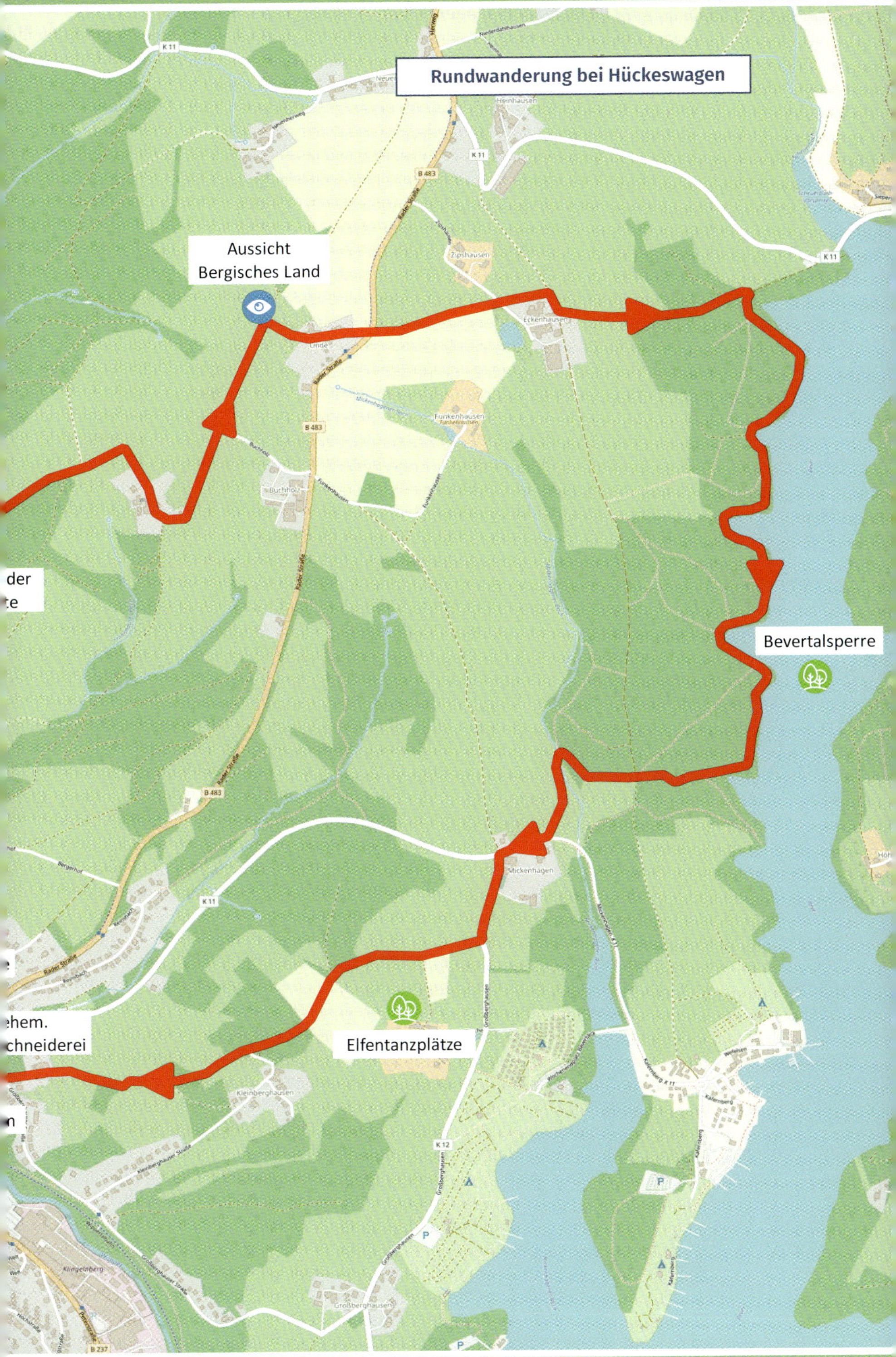
Rundwanderung bei Hückeswagen
Aussicht
Bergisches Land
Bevertalsperre
Elfentanzplätze

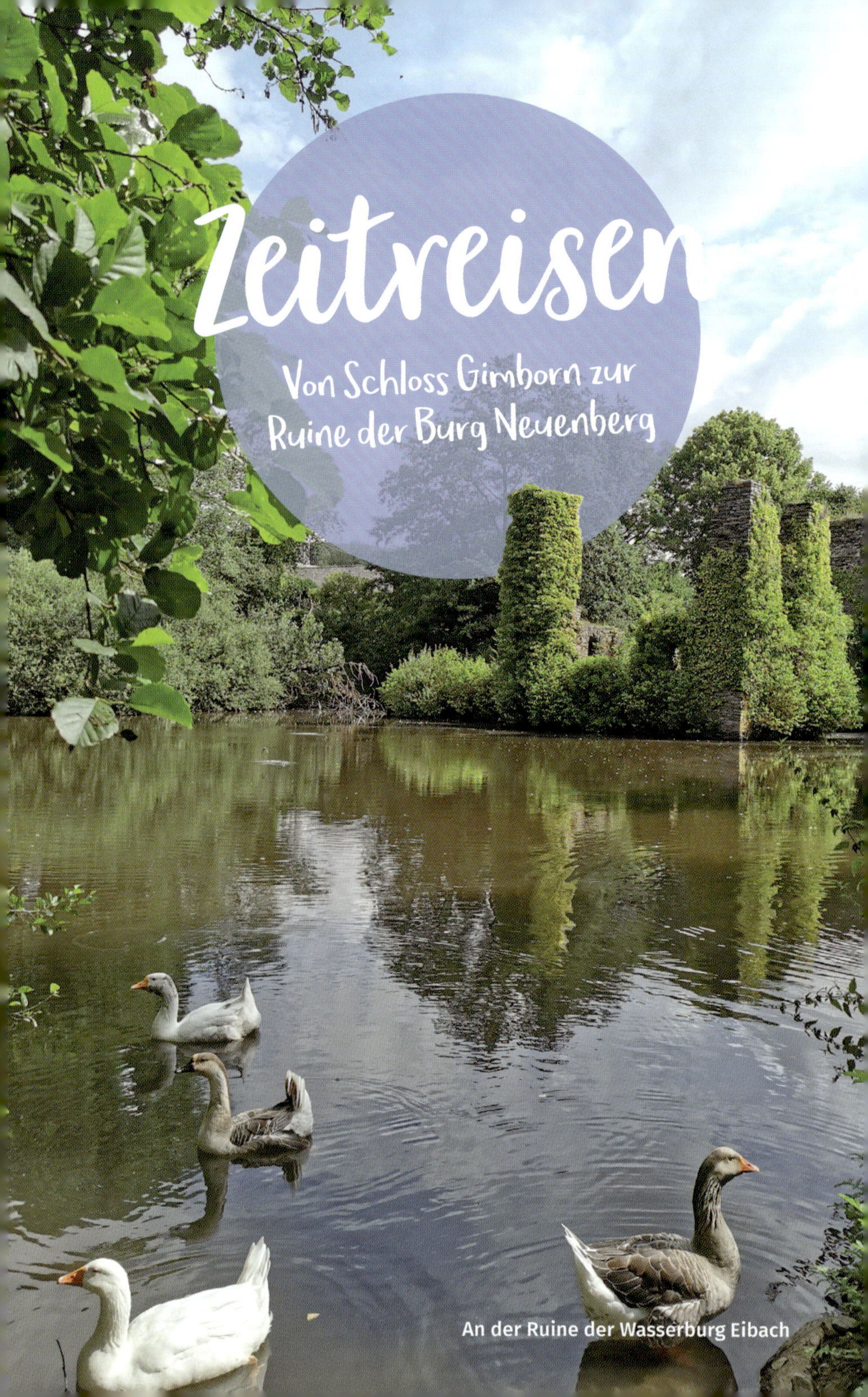

An der Ruine der Wasserburg Eibach

Es ist ein bisschen, als wäre die Zeit stehen geblieben auf der Burg Neuenberg – und auch wenn nur noch ein Rest des Turmes steht: Die Mauer und der Graben um die einstige Burg machen ihre Größe erfahrbar. Riesige alte Buchen umrunden das Areal. Darin zu sitzen und die Ruine auf sich wirken zu lassen trägt die Fantasie fort. Schloss Gimborn, die Ruinen der Wasserburg Eibach und die Zwergenhöhle im dunklen Laubwald tun diesbezüglich ihr Übriges. Die kleine Runde hat also viele interessante Orte zu bieten inmitten einer Natur, die sich an manchen Stellen irgendwie auch auf einer Reise in eine neue Zeit befindet: die Zeit der Regeneration nach dem großen Fichtensterben.

Tour 10

2:30 Std. | 8,5 km | 184 m

Start/Ziel: Schloss Gimborn, Schlossstraße, 51709 Marienheide-Gimborn
Wegbeschaffenheit: fast ausschließlich breite Forst- und Feldwege, einige Passagen auf unbefestigten, aber unproblematischen Waldpfaden, kurze Strecken auf Asphalt
Anreise mit ÖPNV: Bushaltestelle Gimborn

Wegbeschreibung: Diese Wanderung beginnen wir am Schloss Gimborn, indem wir die Pastoratsstraße zur Kirche hinaufgehen. Markiert ist der Start hier mit A 1 und dem „Sagenweg". Nachdem wir hinter der Kirche das letzte Haus von Gimborn hinter uns gelassen haben, folgen wir der kleinen Straße in die Rechtskurve. Dort zweigt – gut markiert – der Wanderweg auf einem schmalen Pfad links ab.

Dieser führt uns hinunter zu einem schmalen Sträßchen, dem wir nach rechts in die enge Kurve folgen, um an der bald folgenden Kreuzung nach rechts in den einzigen nicht asphaltierten Weg abzubiegen.

An einem Bachtal, wo rundherum die Hänge sich gerade wieder erholen und nur niedrigen Bewuchs tragen, gehen wir an der Kreuzung zunächst leicht rechts und dann gleich links. So erreichen wir eine T-Kreuzung, an der wir uns nach links auf den Schotterweg wenden. An der nächsten Gabelung gehen wir geradeaus weiter auf dem Sagenweg bis zum Huberhof.

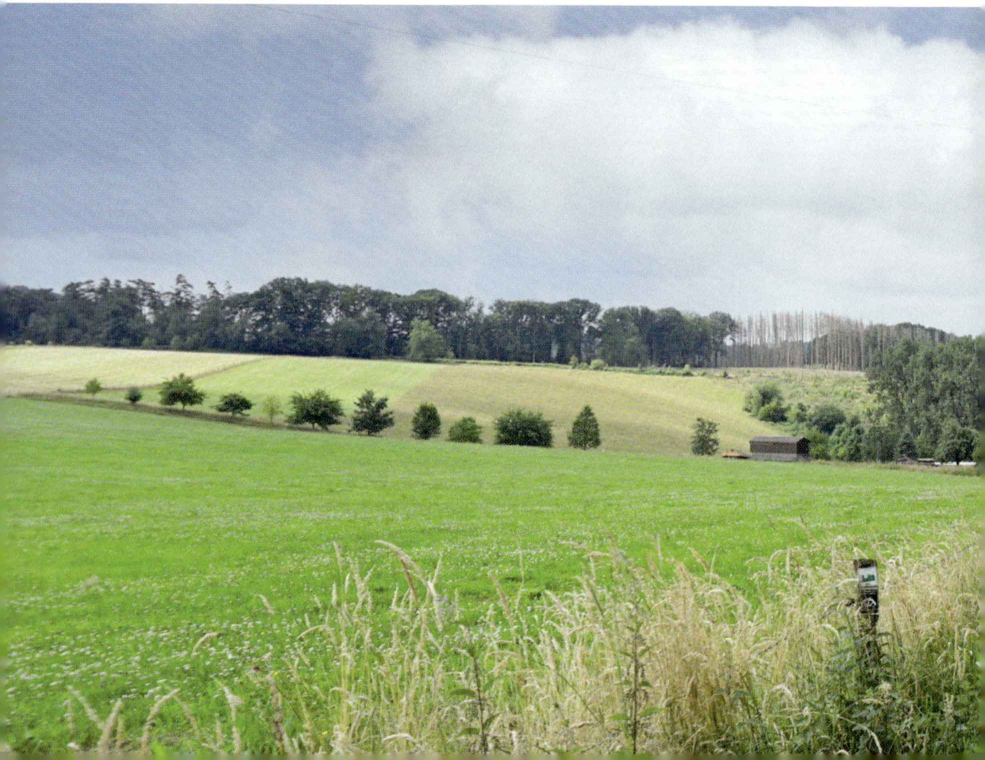

Am Weg

Burgruine Eibach

Die im 14. Jahrhundert erbaute Wasserburg und der kleine Weiher scheinen einem romantischen Märchen aus dem 19. Jahrhundert entsprungen zu sein. Ein Übriges zu diesem Eindruck trägt das angrenzende Gut bei, ein idyllisch gelegener und historisch gut erhaltener Bauernhof. Obwohl die Burg 1782 ein Raub der Flammen wurde, sind uns heute noch der Rundturm und der Südflügel der Vorburg aus dem 17. Jahrhundert erhalten geblieben.

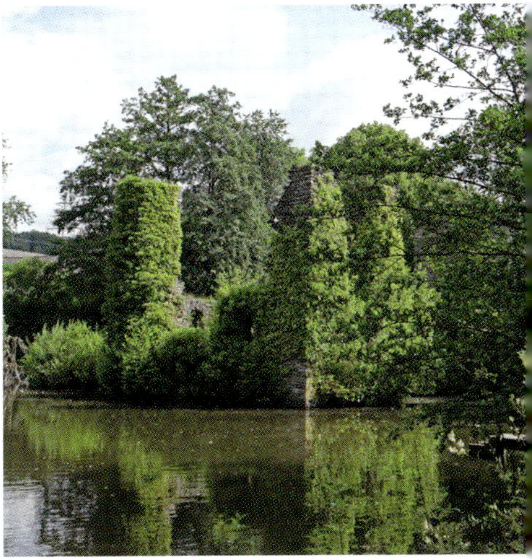

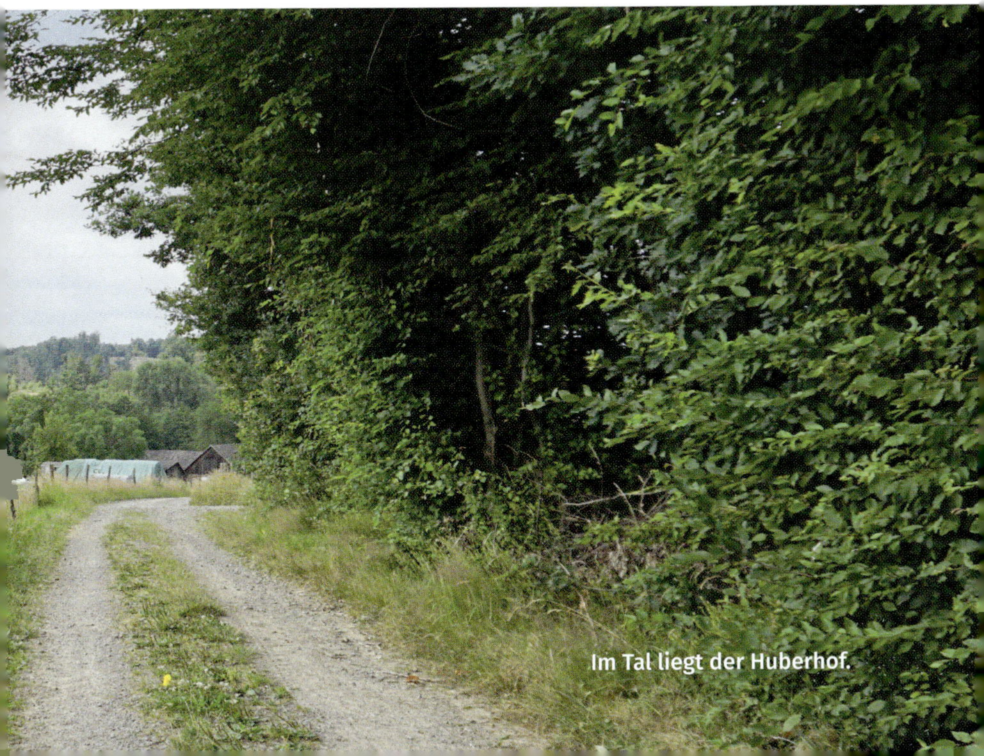

Im Tal liegt der Huberhof.

Dahinter erreichen wir die Ruine der Wasserburg Eibach. Gleich nach dem Burgteich zweigt nach links der Wanderweg von der Straße ab und führt zwischen zwei Weihern an eine Weggabelung. Dort verlassen wir den Sagenweg nach rechts. Im Wald wählen wir an der Gabelung den rechten Weg, der uns oberhalb des Baches bis zu einer Brücke führt.

Diese überqueren wir und wenden uns dahinter nach links und wandern auf der kleinen Asphaltstraße bis Scheel. In die erste Straße „Zur Zwergenhöhle“ gehen wir rechts hinein und auf dem Fußweg weiter bis zum Querweg, in den wir rechts einbiegen.

Am Weg

Die Zwergenhöhle

In der Kalksteinhöhle, die nur zwei Meter hoch, fünf Meter breit und sieben Meter lang ist, wurden prähistorische Gefäße gefunden. Seinen Namen verdankt das Zwergenloch aber einer Legende: In der kleinen Höhle sollen Zwerge gelebt haben, doch sie wurden von den Menschen so sehr enttäuscht, dass sie die Höhle für immer verlassen haben und nie wieder zum Neuenberg zurückkehrten.

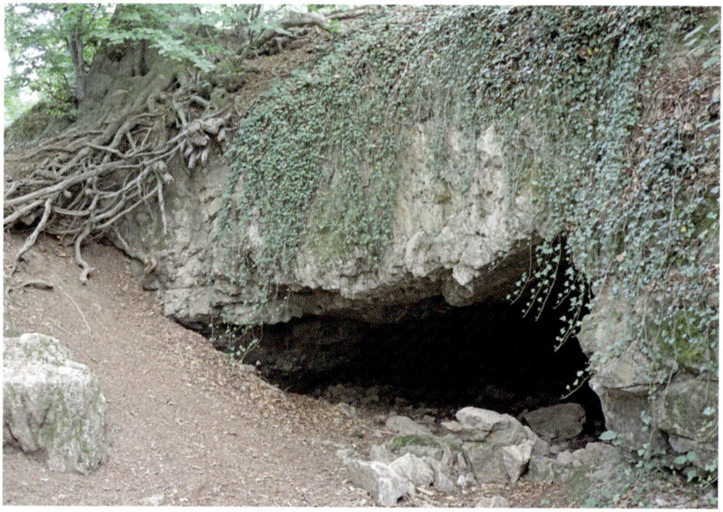

Am Weg

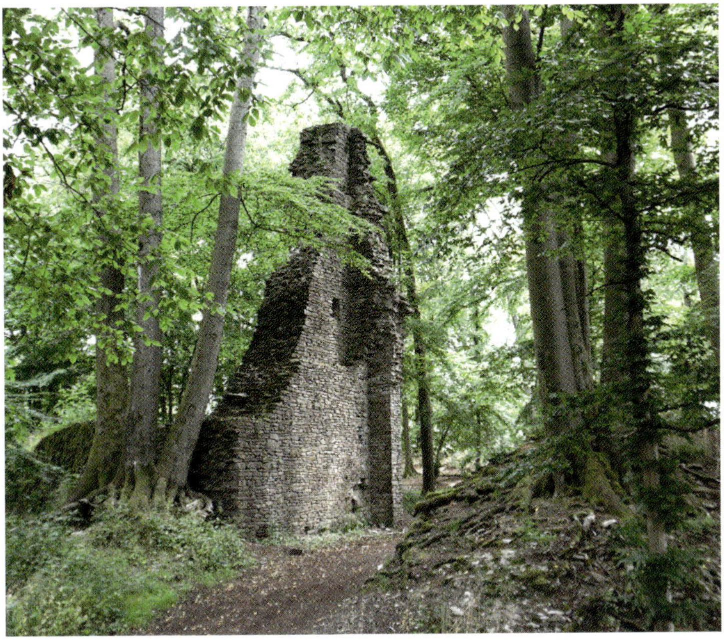

Burgruine Neuenberg

Sie muss einmal eine mächtige Burg gewesen sein. Auch heute zeugen Reste der Wehrtürme und des Palas davon, dessen Ausmaß man noch erahnen kann. Eine mächtige Wall- und Grabenanlage hat die Burg umgeben, und beides ist bis heute gut zu erkennen: Auf dem äußeren Wall kann man die Anlage fast vollständig umrunden. Die Vorburg war etwas von der Hauptburg entfernt, von ihr ist heute nur ein Plateau erhalten, während vom Torturm noch eine Seite fast vollständig steht. Die Burg stammt wahrscheinlich aus dem 12. Jahrhundert. Erstmals urkundlich erwähnt wird sie 1433 durch Herzog Adolf von Berg und Jülich, dem der Vater trotz der zwischenzeitlichen Gefangennahme die Herrschaft über Berg vererbt hatte. Ende des 17. Jahrhunderts wurde die Burg abgetragen, bevor die Ruine erst 1973 gesichert wurde. Sie befindet sich in Privatbesitz der Freiherrn von Fürstenberg zu Gimborn.

Am Weg

Schloss Gimborn

Die Anfänge des Anwesens gehen auf das Rittergeschlecht derer zu „Ginburne" zurück, der Name der Burg stammt wohl vom Gimbach, der unter dem Verließ seine Quelle hat und zu allen Zeiten den Schlossteich speiste. Wasserschloss war Gimborn nie, auch wenn frühere Forschungen das behaupteten. Heute weiß man, dass die Gräben als Abwasserkanäle dienten. Nachdem das Rittergeschlecht vermutlich ausstarb, wechselten die Besitzer häufig. 1602 wurde das Schloss neu erbaut, und nur der mittelalterliche Turm durfte bleiben. 1874 ging es in den Besitz des Reichsfreiherrn Franz-Egon von Fürstenberg zu Gimborn über, dessen Urenkel Peter Freiherr von Fürstenberg heute Besitzer des Anwesens ist. Es beherbergt das Informations- und Bildungszentrum Schloss Gimborn e. V.

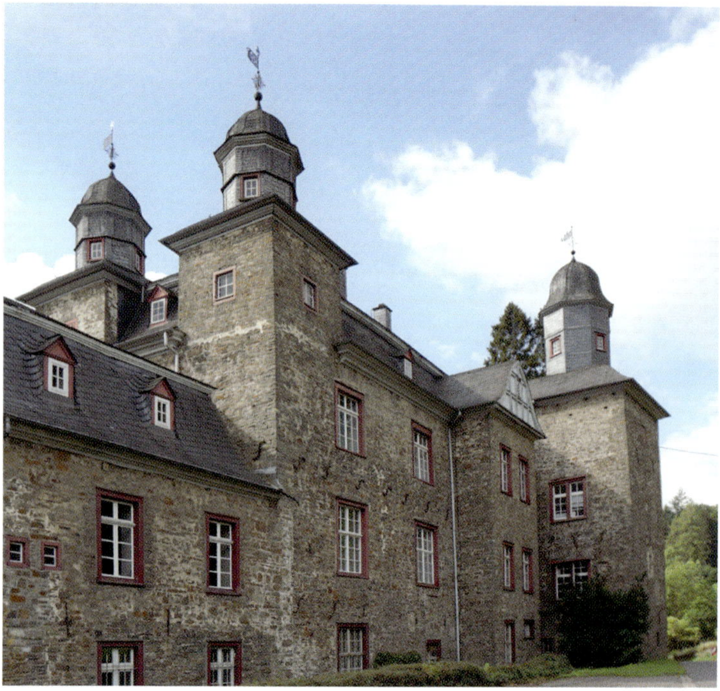

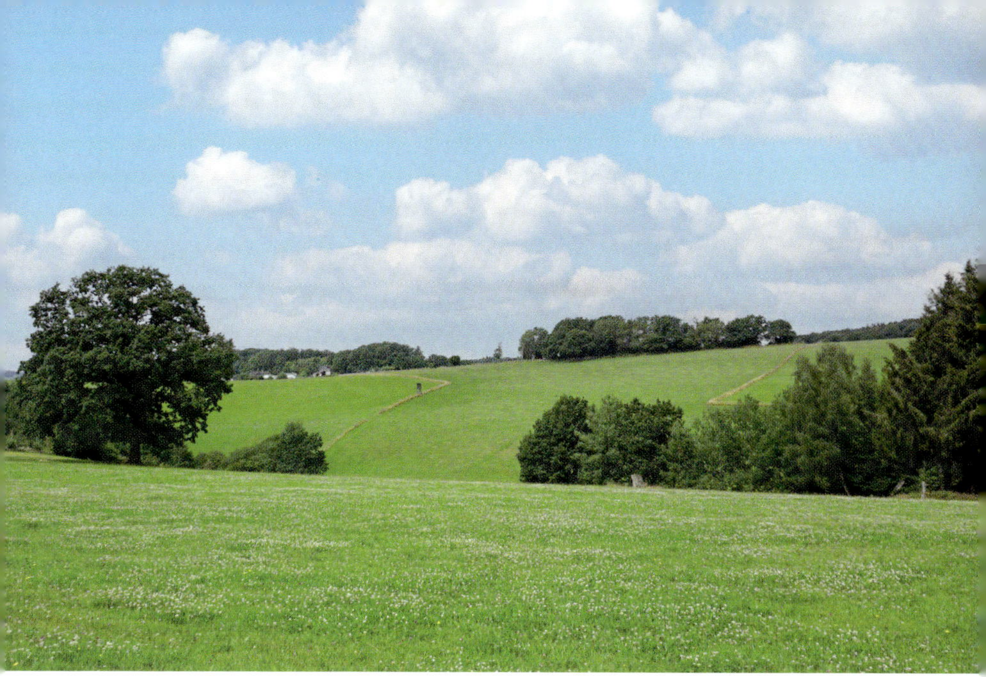

Auf den Höhen bei der Burg Neuenberg

Nun wieder auf dem Sagenweg lassen wir uns zur Zwergenhöhle führen. Dahinter geht es steil bergauf bis zur Burg Neuenberg, und von dort führt ein breiter geschotterter Weg wieder bergab bis zur nächsten großen Wegekreuzung. Dort gehen wir geradeaus bergauf in Richtung Oberlichtinghagen.
Noch davor zweigen wir in den nächsten Querweg nach rechts ab und gehen an der folgenden Kreuzung links auf dem geschotterten Hauptweg. Bei nächster Gelegenheit wenden wir uns nach rechts und wandern über die nächste Kreuzung hinweg geradeaus bis zu einer kleinen Straße.
Dieser folgen wir nach rechts bergab am Forsthaus Kümmel vorbei. Bevor die Straße dahinter zu einer Linkskurve ansetzt, führt unsere Route geradeaus auf dem Wanderweg weiter, überquert den Bach und leitet uns unten über den Friedhof oder davor links zurück nach Gimborn.

Gastronomie

Schlosshotel Gimborn, Schlossstraße 15, 51709 Marienheide-Gimborn, Telefon 02264/2007828, www.schlosshotelgimborn.de

Der spukende Graf in der Burgruine Neuenberg

Kaum tritt man von der lichten Wiese in den dichten Wald unterhalb der Ruine Neuenberg, ist es auch schon um einen geschehen. Es scheint, als ob aus der Zwergenhöhle ein leises Schimpfen und durch den Wald ein dumpfes Kettenrasseln zu hören wäre. Woher das kommen mag, erzählen zwei Legenden, die wir zu einer verflochten haben.

Schon seit vielen Hunderten von Jahren geht die Sage um, dass es rund um die Ruine Neuenberg spuken soll. Es heißt, dass Graf Wilhelm II. von Berg umhergeistere, der Mitte des 14. Jahrhunderts gelebt hat. Da er gerne Kriege führte, um noch mehr Macht und Reichtum anzuhäufen, sorgten sich seine drei Söhne Adolf, Gerhard und Wilhelm um ihr Erbe – denn meist gewann er die Kriege nicht, sondern verlor seine Ländereien.

Also ließ Adolf seinen Vater zu sich auf die Burg Neuenberg rufen, und dieser kam mit seiner Gefolgschaft nichtsahnend den Hügel hinaufgeritten, als er von den Männern seines Sohnes überfallen und gefesselt wurde. Ohne viele Worte führten sie ihn in den Kerker und schlossen ihn ein. Eigentlich fehlte es ihm an nichts, er bekam zu essen und zu trinken, hatte ein Bett und die Möglichkeit sich zu waschen, aber es war feucht und zugig, und Tageslicht sah er nur durch eine winzige Öffnung in der Mauer. Er schrie und wütete tagelang, doch es half nichts, sein Sohn nahm sich nicht einmal die Zeit, um mit ihm zu reden. Adolf machte sich zwei Tage nach der Gefangennahme auf zu seinen Brüdern, um zu besprechen, wie es nun weitergehen sollte und wie sie die vielen verlorenen Ländereien zurückerobern könnten.

Eines Nachts, als der Vollmond sein Licht durch das kleine Fenster in den Kerker warf, sah der Graf ein kleines Männchen durch die Öffnung klettern und zu ihm auf den Boden springen. Es war ein Zwerg, er hatte eine kleine rote Mütze auf dem Kopf und war angezogen wie ein Bergarbeiter – sogar eine Spitzhacke hatte er mit dabei. Plötzlich waren da ganz viele dieser kleinen Wesen, die durch das Fenster im Turm kamen und allesamt anfingen, ein Loch in den Erdboden zu graben. Man mag sich gar nicht vorstellen, dass so kleine Hacken so viel Arbeit leisten könnten, doch so war es.

Nach nur sieben Nächten hatten sie es geschafft: Die Wichtel hatten einen Ausgang für den Grafen gegraben. Dieser unterirdische Gang führte geradewegs in die Zwergenhöhle, die unterhalb der Burg zwischen Bäumen und Büschen versteckt lag. Und da der Graf in den wenigen Tagen ein Drittel seines Gewichts verloren hatte, passte er durch den engen Geheimgang und konnte in die Freiheit kriechen.

In ihrer Höhle angekommen wollten die Zwerge den Befreiten so schnell wie möglich den Berg hinunterbegleiten. Doch just in diesem Augenblick sahen sie Fackeln leuchten – Adolf und sein Gefolge kamen vom Besuch bei den Brüdern zurück. Schnell versuchten die Zwerge, den Grafen zu verstecken, doch Adolf hatte die Situation schon überblickt und ließ seinen Vater sofort wieder in Ketten legen. Und diesmal wurden diese an einem Ring an der Kerkermauer festgemacht.

Adolf beschimpfte die Zwerge, die eigentlich immer zu seinen Diensten gewesen waren, auf schändlichste Weise. Das können Zwerge aber auch gar nicht leiden, und so schimpften sie zurück, liefen in ihre Höhle, packten alle Habseligkeiten und zogen in einer kleinen Prozession vom Neuenberg hinunter zur nächsten Burg. Weit mussten sie nicht gehen, die einen blieben beim Wasserschloss Eibach, die anderen liefen weiter zum Schloss Gimborn.

Der alte Graf aber verstarb nach drei langen Jahren im Kerker seines Sohnes an einer Lungenentzündung. Sein Geist, der nicht ruhen konnte, begann damit, jede Vollmondnacht mit den Kerkerketten zu rasseln und die Menschen zu erschrecken, so erzählt es zumindest die Legende. Graf Wilhelm II. wurde übrigens wirklich von seinem Sohn Adolf eingekerkert, allerdings konnte er bereits nach wenigen Monaten befreit werden. Er verstarb erst einige Jahre später in Düsseldorf. Wo allerdings seine Grablege ist, das ist ein Rätsel, das noch nicht gelöst wurde. Manche Historiker behaupten, dass sich das Drama gar nicht hier, sondern auf Schloss Burg an der Wupper abgespielt haben soll, die damals auch Neuenburg hieß. Aber ganz ehrlich: Wenn man an Geister glauben würde, dann könnte man sich diesen spukenden Grafen wirklich sehr gut zwischen Zwergenhöhle und Burgruine vorstellen.

Tour 10

Startpunkt

Zwischenziele

Parkplatz

Haltestelle

Zielpunkt

Sehenswürdigkeit

Übernachtung

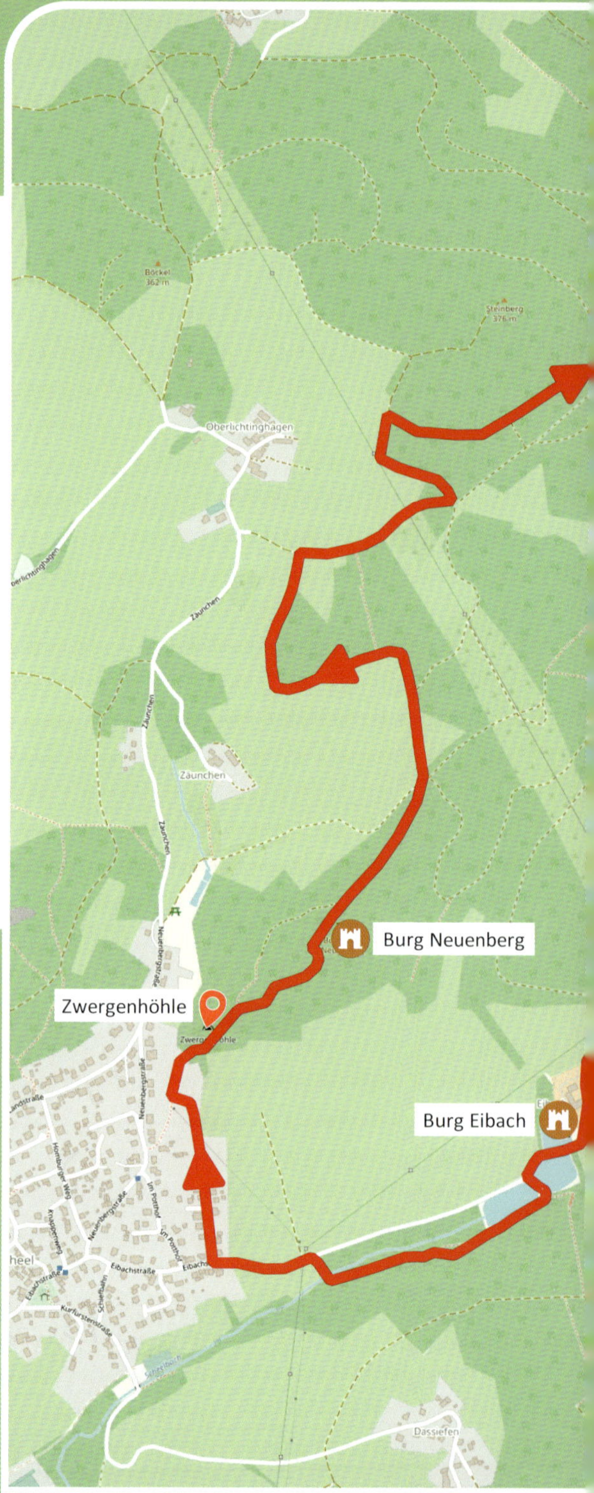

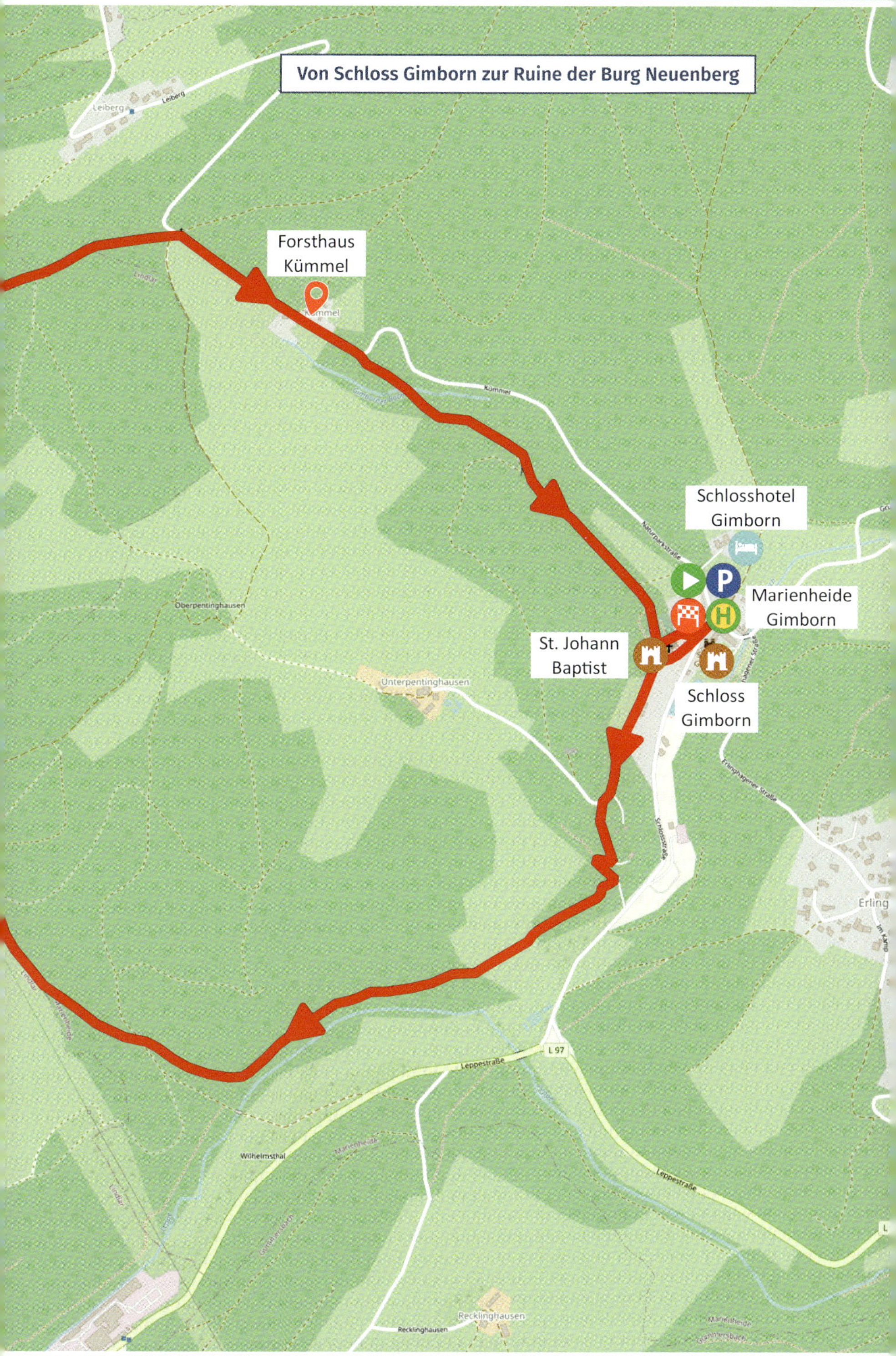

Von Schloss Gimborn zur Ruine der Burg Neuenberg
Forsthaus
Kümmel
Schlosshotel
Gimborn
Marienheide
Gimborn
St. Johann
Baptist
Schloss
Gimborn
Leiberg
Kümmel
Oberpentinghausen
Unterpentinghausen
Erling
Leppestraße
L 97
Wilhelmsthal
Recklinghausen

Aussichten und Sichtweisen

Rund um Schloss Homburg

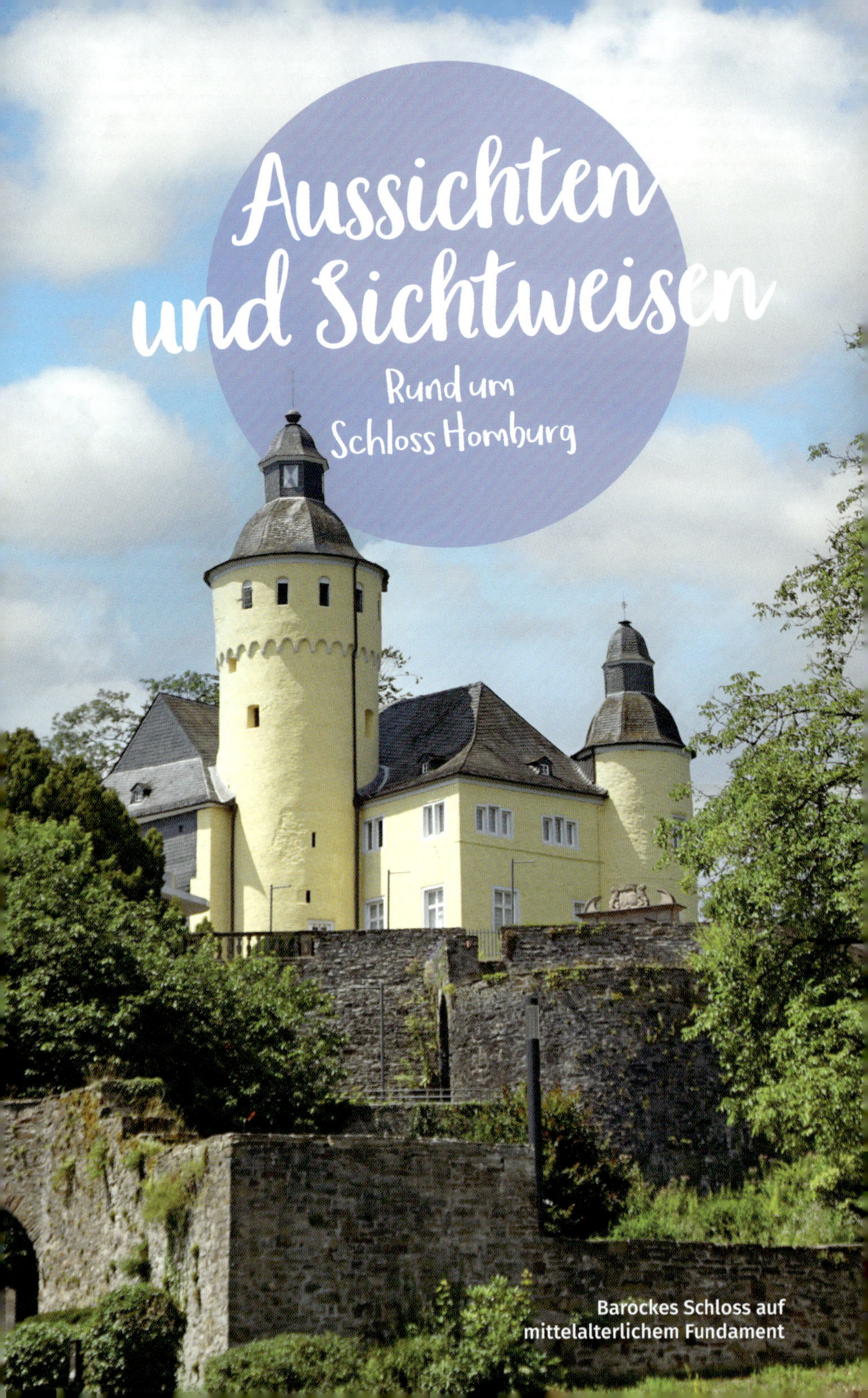

Barockes Schloss auf mittelalterlichem Fundament

Das schmucke und modern restaurierte Schloss Homburg ist allein einen Ausflug wert. Dass seine Umgebung wahrhaft märchenhaft ist – dieser Beweis ist spätestens an den „Dicken Steinen" erbracht: Wer die Felsformation genau betrachtet, wird Gesichter und Figuren erkennen – es ist spannend zu sehen, dass jeder und jede etwas anderes entdeckt, je nach Fantasie und Perspektive. Gesichter und Figuren gibt es auch in der Bonten Kerke in Marienberghausen zu betrachten. Die Fresken aus dem 12. Jahrhundert zeigen, woran die Menschen vor 800 Jahren geglaubt haben und wie sie die Welt sahen – oder sehen sollten. Zwischen diesen faszinierenden Orten kann man die Augen einfach schweifen lassen: auf die schöne Region in der Nähe und der Ferne – bis zum Siebengebirge reicht die Aussicht.

Tour 11

3:20 Std. | 12 km | 238 m

Start/Ziel: Schloss Homburg, 51588 Nümbrecht
Wegbeschaffenheit: Waldwege und kleine Asphaltsträßchen ohne Verkehr
Anreise mit ÖPNV: Bushaltestelle Nümbrecht-Schloss Homburg
Parken: kostenloser Parkplatz vor dem Schloss

Wegbeschreibung: Vor dem Schlossgelände führt uns der beschilderte Wanderweg Richtung „Holsteins Mühle" nach rechts. An der nächsten Kreuzung folgen wir nach rechts der beschilderten Schleife zu dem Naturdenkmal „Dicke Steine". Zurück auf dem Hauptweg geht es rechts über die Straße und weiter geradeaus zur Mühle. Um diese gehen wir herum und nehmen an der Gabelung den linken Weg leicht bergauf, der als X11 und Wanderweg „Straße der Arbeit" markiert ist.

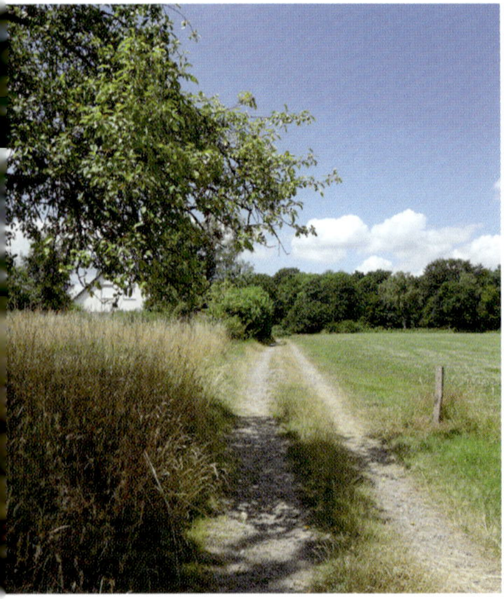

Auf dem Weg zur Bonten Kerke

Kurz vor den Häusern von Stockheim zweigt unsere Route noch vor dem Bach nach links auf den Pfad ab und führt um einen zugewachsenen kleinen Teich herum. Bergauf geht es in den Wald. Wir ignorieren den Bergischen Panoramasteig, der auf halber Höhe nach rechts weiterführt, und gehen geradeaus bergauf bis zum Querweg, in den wir nach links abbiegen.

Am Weg

Holsteins Mühle

Die einstige Säge- und Getreidemühle war unter den Grafen Sayn-Wittgenstein-Berleburg bis ins Jahr 1969 in Betrieb. Danach wurde sie unter Denkmalschutz gestellt und beherbergt heute einen Veranstaltungsort mit Restaurant. Um 1800 war sie eine der wichtigen sieben herrschaftlichen Getreidemühlen der Region. Bis heute sind Fachwerkhaus, Mühlteich, oberer Zulauf, unterer Ablauf, Wasserrad, Mühlentechnik und ein uralter Brunnen erhalten geblieben und können besichtigt werden.

Informationen unter: www.holsteinsmuehle.de

Am Weg

Dicke Steine

Recht mystisch liegen diese Steine aufgetürmt unterhalb des Schlosses Homburg, und wer möchte, kann sich daran versuchen, möglichst viele unterschiedliche Gesichter im Fels zu erkennen. Der 350 Millionen alte Quarzitstein wurde aus weicherem Meeresgestein freigewaschen, und wer genug Gesichter gezählt hat, kann noch genauer hinsehen und Spuren aus dem Meer finden, wie etwa Abdrücke von Seelilien.

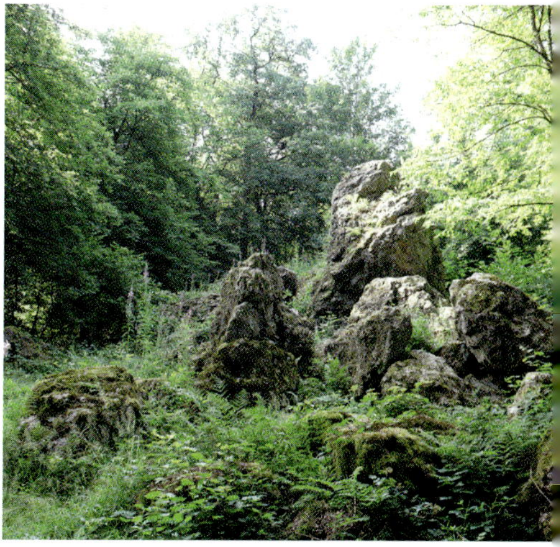

Bald führt der breite, aber etwas ungepflegte Weg im rechten Winkel über die Böschung hinauf und an der Schonung entlang weiter aufwärts bis zum Waldrand, vor dem wir uns nach links wenden. Unter dem Funkturm biegen wir rechts ab, überqueren die kleine Straße und bleiben auf dem A 1, der uns nun über eine Wiese weiter bergauf führt. Auf der Höhe biegen wir in den Querweg nach links ein und überqueren die nächste Kreuzung geradeaus. Fast eben geht es weiter und nach links eröffnet sich ein Blick zum Schloss Homburg. Bald geht es leicht bergab und wir gehen geradeaus, wo nach links der A 1 im spitzen Winkel abzweigt. Die Straße, die wir nun erreichen, überqueren wir und wandern im spitzen Winkel links ein Stück an ihr entlang, bis unsere Route nach rechts in den Ort Elsenroth abzweigt. Dort biegen wir links in den Siefer Weg ein, der uns bald nochmals links wieder aus dem Ort hinausleitet.

In Gerhardsiefen gelangen wir wieder in eine kleine Straße, der wir nach rechts folgen. Wieder außerhalb des Ortes wandern wir links

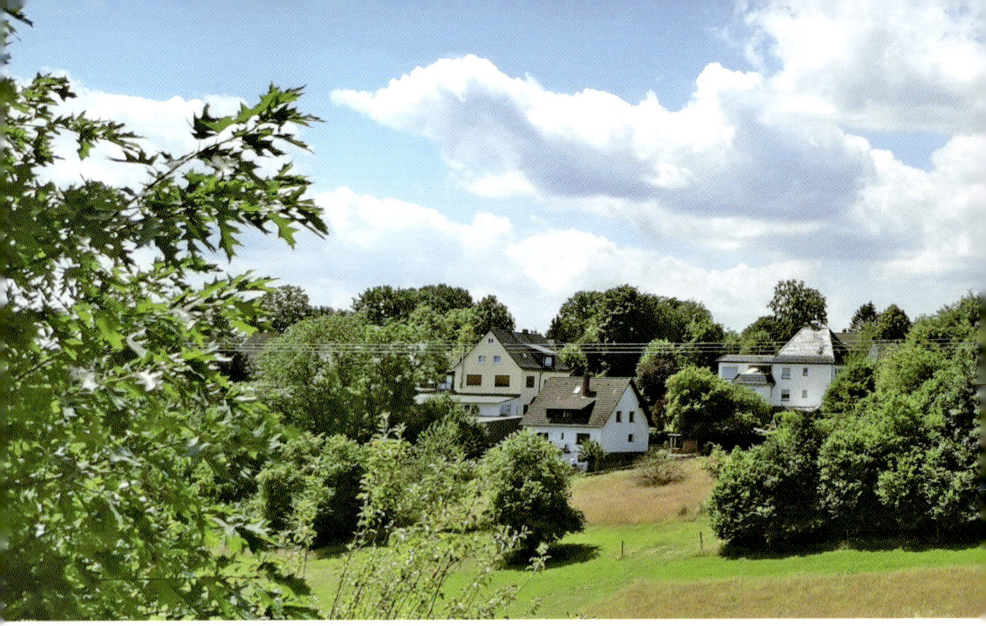

Richtung Hasenberg. An der Gabelung am Waldrand wenden wir uns nach links und an den nächsten nach rechts.
Nachdem wir die Häuser hinter uns gelassen haben, verlassen wir die Straße nach rechts, wo diese eine enge Linkskurve beschreibt, und biegen vom Feldweg noch auf Höhe der Fischteiche links ab. Wir gelangen so an eine weitere Gabelung, an der wir in Richtung des Wohngebietes nach links abbiegen. Doch davor gehen wir rechts und dann bei nächster Gelegenheit links ins Dorf.
Vom Brunnenweg lassen wir uns auf die Bonte Kerke zuführen, die wir – noch einmal links abgebogen – in Marienberghausen erreichen. Nach dem Besuch der Bonten Kerke wandern wir auf der Straße „Am Lindenstock" talwärts aus dem Dorf hinaus und verlassen die kleine Straße geradeaus, wo diese eine enge Linkskurve macht.
Vor den Feldern wählen wir an der Gabelung die rechte Möglichkeit und lassen uns von der Baumreihe bis zu einem kleinen Asphaltsträßchen leiten, in das wir nach links einschwenken auf den Turm von Schloss Homburg zu.
Wieder überqueren wir eine kleine Straße und gehen gegenüber geradeaus durch Erlinghausen und dahinter links. Durch das Tal der Homburger Bröl gelangen wir an eine Landstraße, die uns gerade-

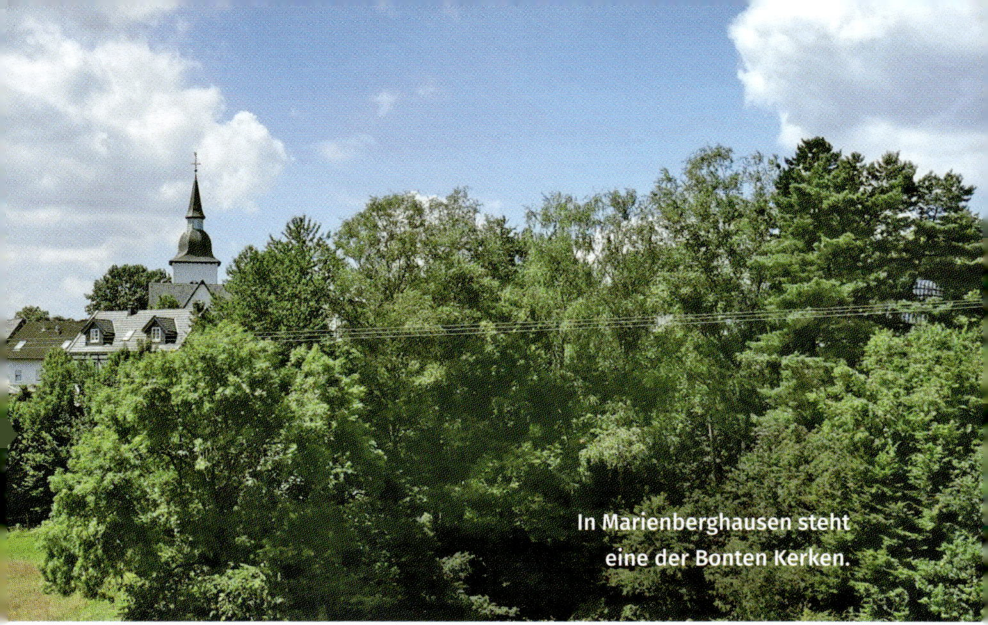

In Marienberghausen steht eine der Bonten Kerken.

Am Weg

Bonte Kerke Marienberghausen

Bonte Kerken: Im Bergischen Land gibt es fünf dieser Schmuckstücke, die mit ihren farbigen gotischen Fresken die Besucher anlocken. Im Gegensatz zu uns konnten in früheren Zeiten die Menschen nicht lesen und schreiben, und so dienten die Kirchenwände als gemalte Bibel-Geschichte. Die Bonte Kerke in Marienberghausen wirkt von außen wehrhaft und entwickelt ihren Charme erst im Inneren. Charmant ist aber der ganze Ort mit seinen sauber herausgeputzten Häuschen, den Bänken vor den Türen und der anregenden Kombination aus dem modernen Gemeindehaus und der Kirche aus dem 12. Jahrhundert. So klein und doch so reizvoll, könnte man über den Ort und seine Bonte Kerke sagen.

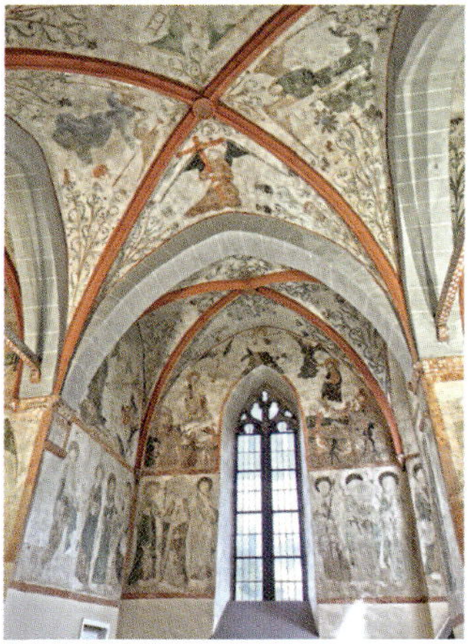

Führungen für Gruppen
unter Telefon 02204/843042

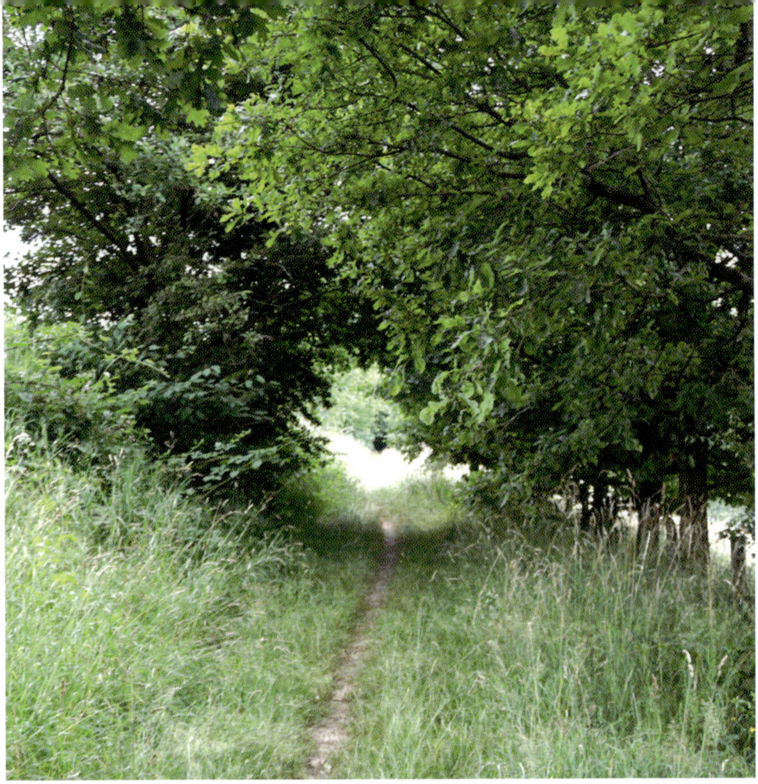

Bei Huppichteroth

aus noch vor der Brücke und gegenüber der alten Fabrik an eine Abzweigung führt. Hier links eingebogen gelangen wir nach Huppichteroth, wo wir am Ende des Harthwegs nach rechts bergab wandern.

Noch einmal überqueren wir eine Straße und nehmen gegenüber gleich links den Waldweg. Schloss Homburg ist hier bereits beschildert und bald wieder erreicht.

Gastronomie

Kai's Restaurant, Schloss Homburg 2, 51588 Nümbrecht, Telefon 02293/815508, www.kais-restaurant.de

Holsteins Mühle, Holsteinsmühle 1, 51588 Nümbrecht, Telefon 02293/6956, www.holsteinsmuehle.de

Zur alten Post, Humperdinckstraße 6, 51588 Nümbrecht-Marienberghausen, Telefon 02293/9118-0, www.hotelzuraltenpost.de

Am Weg

Schloss Homburg

Majestätisch thront das gelb strahlende Barockschloss über dem Tal, doch der Schein trügt, denn die Ursprünge der Burg gehen schon auf das 11. Jahrhundert zurück. Schon damals soll hier ein Bergfried gestanden haben. Die erstmals 1276 erwähnte Höhenburg wurde von den Grafen Sayn, spätere Sayn-Wittgenstein-Homburg, erbaut. Bis ins 17. Jahrhundert hat sich das äußere Erscheinungsbild des Schlosses immer wieder vereändert, bis es schließlich zu diesem barocken Juwel wurde. Zu dieser Zeit wurden auch das Rote Haus, das Forsthaus und die historische Mühle und Bäckerei erbaut. Erst kürzlich, nämlich 2014, wurde die Schlossanlage erneut erweitert um ein repräsentatives Foyer, lichte Ausstellungsräume und das Forum „Kultur im Dialog". Im Außenbereich wurde ein Rasenlabyrinth angelegt.

Die Mühle aus dem 19. Jahrhundert wurde von seinem ursprünglichen Standort verlegt und am Fuße des Schlosses rekonstruiert. Sie beherbergt ein Mühlenmuseum nebst historischer Bäckerei. Das Forsthaus auf dem Burgberg diente einst den Förstern der Grafen als Wohnhaus, heute sind hier die naturhistorische Dauerausstellung und eine vogelkundliche Sammlung des Landes NRW untergebracht.

Informationen unter:

www.schloss-homburg.de. Dort gibt es auch Informationen zur Biologischen Station Oberberg, die sich im „Roten Haus" befindet.

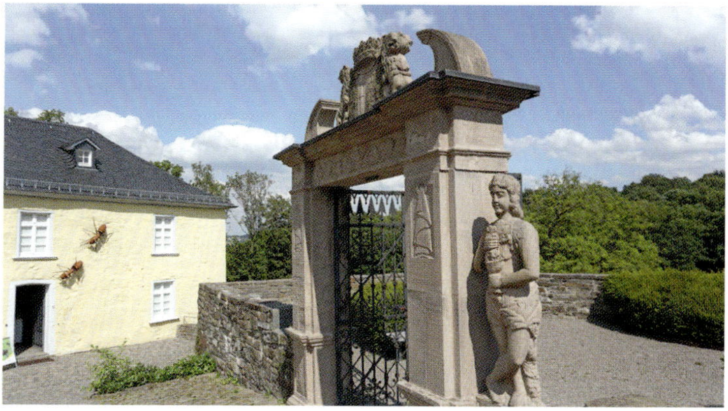

Die Jünglinge und das Fettmännchen

In der „Bonten Kerke“ in Marienberghausen können wir auf die Suche gehen nach Abbildungen von Drachen und kleinen Teufeln – vielzählig sind sie auf den bunten Fresken zu sehen. Wie ein Bilderbuch sollten diese den Menschen, die nicht lesen konnten, zeigen, was Gut und Böse ist. Die frühen Bilder erzählen auch von einer Umdichtung, denn zu heidnischen Zeiten waren Schweine, Kröten und Drachen heilige Tiere und der Gott Cernunnos hatte Hörner, so wie auf vielen christlichen Darstellungen der Teufel. Inspiriert von der bunten Kirche erzählt auch unsere Geschichte von unterschiedlichen Sichtweisen auf ein und dieselbe Sache ...

Vor etwa 400 Jahren soll es im Bergischen Land eine Münze gegeben haben, die von den Menschen Fettmännchen genannt wurde. Die Legende erzählt, dass auf der Münze ein dickleibiger Heiliger abgebildet gewesen sein soll und sie so zu ihrem eigenartigen Namen gekommen sei.
Ganz in der Nähe des Schlosses Homburg lebte einst ein Pfarrer, der bekannt dafür war, seine Schäfchen auf den rechten Weg bringen zu wollen. Er durchbohrte solch ein Fettmännchen und erzählte den Menschen eine von ihm frei erfundene Geschichte: Wenn sie durch das Loch in der Münze in die Welt schauen würden, dann könnten sie die Hexen bei ihrem nächtlichen Treiben beobachten, ohne von diesen entdeckt zu werden.
So machten sich drei Jünglinge aus Marienberghausen, die auf der Homburg als Stallknechte arbeiteten, auf, um dieser Sache auf den Grund zu gehen. Nach dem Besuch im Wirtshaus, begaben sie sich zur Mitternachtsstunde zu den Dicken Steinen unterhalb des Schlosses. Schon immer waren ihnen diese etwas gruselig vorgekommen. Wenn irgendwo Hexen auftauchen würden, dann doch sicher an diesem verwunschenen Ort.
Als sie dort ankamen, konnten sie ihren Augen nicht trauen. In der Mitte saß auf einem der Steine eine Frau, so schön, dass die jungen Männer

geblendet waren. In den Händen hielt sie eine Kornähre und einen goldenen Apfel. Vor ihr saß ein Jüngling im Adamskleid, der eine liebliche und sehnsuchtsvolle Melodie sang, und um die beiden herum tanzten Frauen, so strahlend wie die Sterne am Himmel, gewandet in durchsichtige Kleider.

Die drei feurigen Jünglinge wollten schon in diesen Reigen miteinstimmen, als einer sich besann und die anderen am Ärmel zurückzog. Schnell hielten sie sich die durchbohrten Fettmännchen vor die Augen, und was sie dann zu sehen bekamen, war so gruselig, dass die drei auf die Knie fielen und sich hinter den Steinen versteckten.

Die tanzenden Mädchen erschienen plötzlich als Greisinnen, der Jüngling war ein wamstiger Tattergreis mit krächzender Stimme und Hörnern am Kopf, und die junge Frau in der Mitte war eine hässliche Alte, übersäht mit Warzen – in einer Hand eine schmierige Kröte, in der anderen einen Wildschweinschwanz und auf dem Kopf eine schwarze Katze. Als die drei Burschen die Szenerie vollkommen überblickt hatten, rappelten sie sich auf, nahmen sich an den Händen, liefen so schnell sie konnten nach Marienberghausen und warfen sich dort in der Kirche vor den Altar, bekreuzigten sich und dankten dem Herrn, dass sie lebendig von dem Ort des Schreckens davongekommen waren.

Der Pfarrer fand am Morgen die drei verwirrten jungen Männer in den Kirchenbänken liegend und war mehr als erfreut, aber vor allem sehr verwundert, dass seine Geschichte wirklich wahr geworden war. Er trat vor den Altar und dankte Gott, und schon im Laufe des Tages kannte rund um das Schloss Homburg jeder die Geschichte.

Keiner wusste natürlich, dass am Vortag die junge Wirtin den Burschen – die sie immer ganz fürchterlich neckten und triezten – einen Saft aus besonderen Pilzen ins allabendliche Bier gegossen hatte. Jedenfalls war damit die Legende von den Hexen und den Fettmännchen geboren.

Tour 11

Startpunkt

Zwischenziele

Parkplatz

Haltestelle

Zielpunkt

Gastronomie

Sehenswürdigkeit

Kulturstätte

Übernachtung

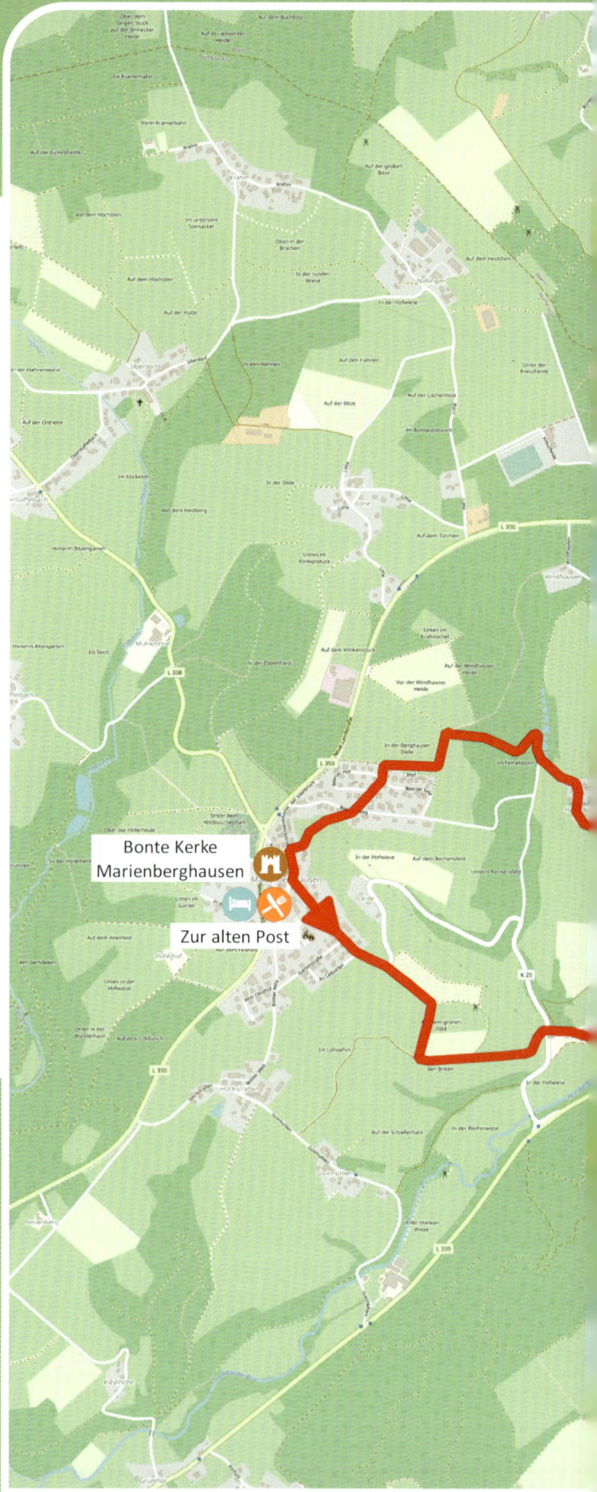

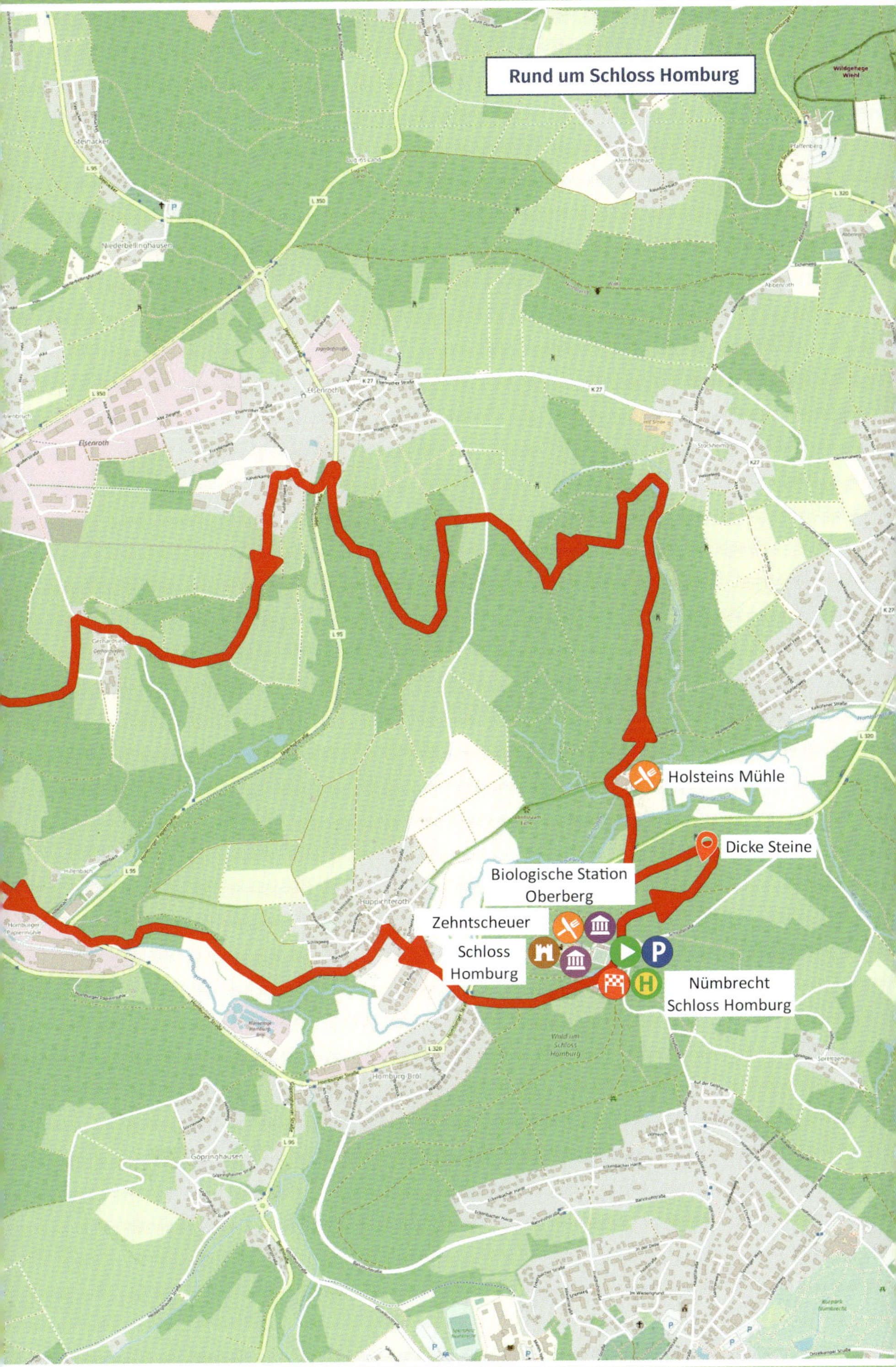
Rund um Schloss Homburg
Holsteins Mühle
Dicke Steine
Biologische Station Oberberg
Zehntscheuer
Schloss Homburg
Nümbrecht Schloss Homburg

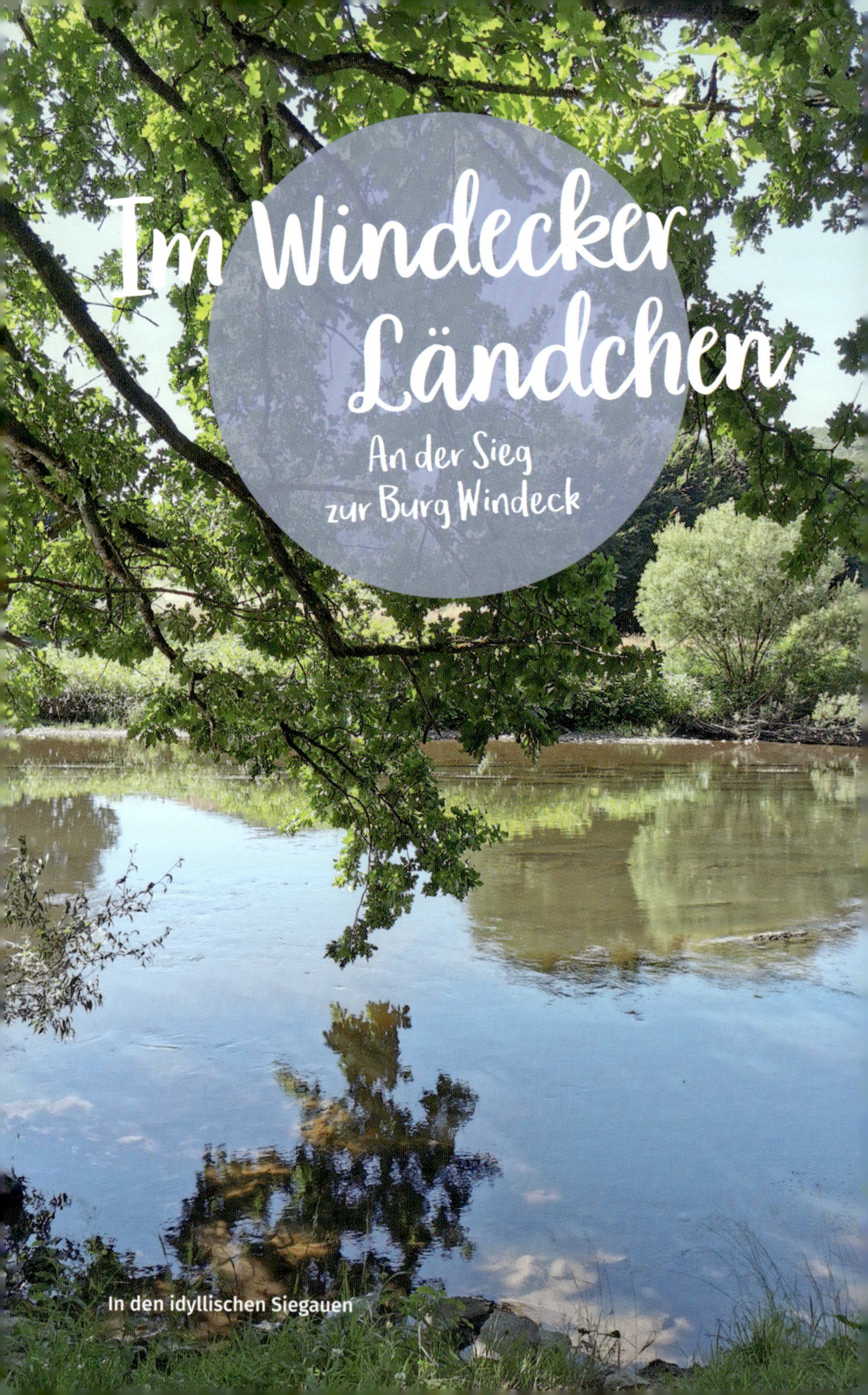
Im Windecker Ländchen
An der Sieg
zur Burg Windeck
In den idyllischen Siegauen

Was im Norden des Bergischen Landes die Wupper ist, das ist in seinem Süden die Sieg. So lieblich und malerisch ist ihr Tal im Ländchen, dass diese Wanderung möglichst lange an ihr vorbeiführt, bevor wir zum eigentlichen Wahrzeichen aufsteigen: zur Burg Windeck, die auch heute noch sehr beeindruckt, obwohl nur noch eine Ruine steht. Ein Ort, an dem man gar nicht anders kann, als sich zu fragen, was für ein Leben die einstigen Bewohnerinnen und Bewohner wohl geführt haben mögen. Eine Frage übrigens, der sich auch das Museumsdorf widmet, an dem wir anschließend auf dem Rückweg nach Schladern vorbeiwandern.

Tour 12

3:10 Std. | 11 km | 228 m

Start/Ziel: Bahnhof Schladern, 51570 Windeck
Wegbeschaffenheit: breite Forst- und Feldwege, schmale Pfade, kleine asphaltierte Wege ohne viel Verkehr
Anreise mit ÖPNV: Bahnhof und Busbahnhof Schladern
Parken: am Bahnhof Schladern

Wegbeschreibung: Wir starten am Hinterausgang des Bahnhofs in Schladern, wo wir uns nach rechts wenden und einem Schotterweg folgen, der mit einem roten Wanderschild für den „Erlebnisweg Sieg“ ausgezeichnet ein Stück an den Gleisen entlangführt, und am Ende nach links abbiegt. Der Pfad führt uns an eine Straße. Wir überqueren die Straße, rechts von uns befinden sich die Touristen-Information und Elmores Biergarten. Wir gehen geradeaus weiter, bis wir vom kleinen Pavillon auf den Siegfall hinunterblicken können. Anschließend folgen wir dem Rad- und Wanderweg rechts hinunter und umrunden den kleinen Tümpel. An der nächsten Abzweigung gehen wir links bis zur Elmoresstraße, die uns nach rechts zur Siegbrücke führt.

Diese überqueren wir und wenden uns dahinter auf „Am Wasserfall“ nach rechts. So wandern wir ein Stück zwischen Sieg und Felsen, bis

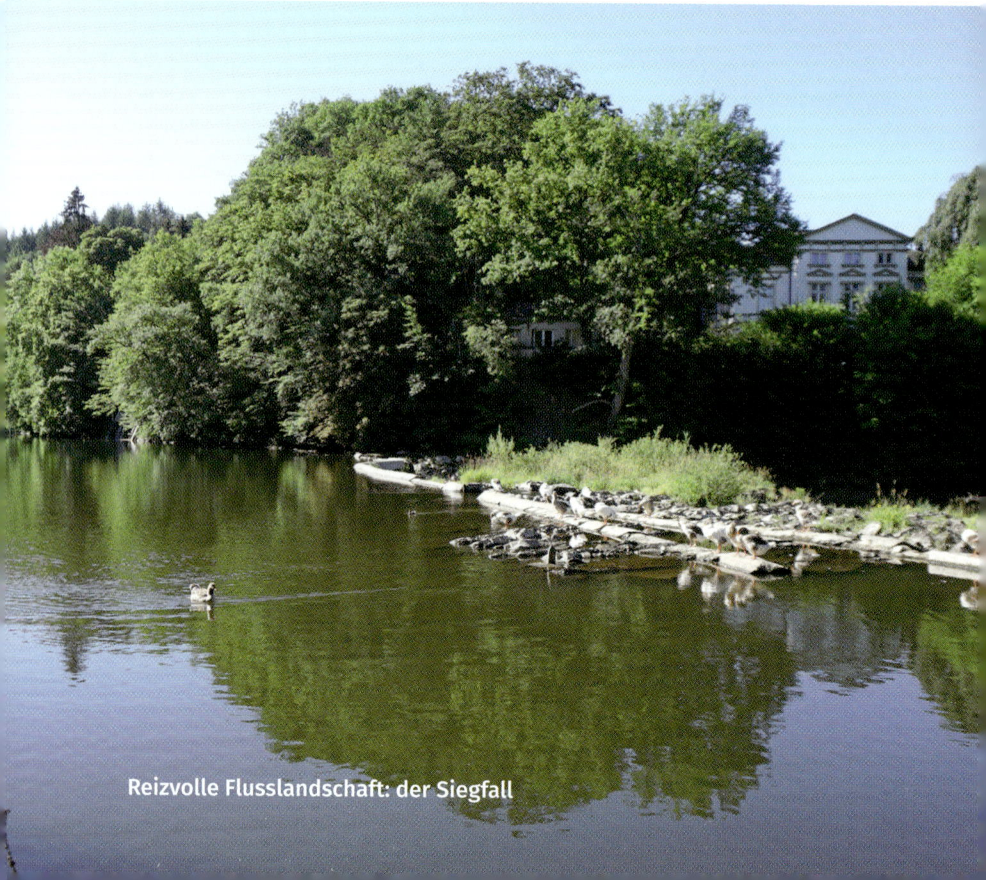

Reizvolle Flusslandschaft: der Siegfall

Am Weg

Besucherzentrum Naturregion Sieg

Neben dem ehemaligen Kupferwerk Elmore's, direkt am Siegwasserfall, liegt die Tourist-Information mit einer kleinen Dauerausstellung, in der „Erzählbäume“ über die Sieg und ihr Tal informieren. Zusätzlich werden ausgewählte regionale Produkte angeboten.

Informationen unter: https://naturregion-sieg.de/poi/besucherzentrum-naturregion-sieg

wir vor einem Anwesen nach links abbiegen und zunächst entlang von Mauern durch einen mystischen Wald bergauf wandern. Auf der Kuppe angekommen führt uns der Weg leicht nach links und mündet in einen breiten asphaltierten Forstweg, in den wir rechts einbiegen.

Dem asphaltierten Weg folgen wir eine Weile. Er führt uns in leichten Kurven abwärts, bevor er das letzte Stück steil hinunter auf eine Wiese zuführt. Vor der Wiese gehen wir nach rechts weiter und nicht auf die Häuser zu. Der asphaltierte Weg mündet in einen Kiesweg, der uns in Richtung Sieg führt. Wo sich der Weg gabelt, wandern wir rechts in den Wald, und an der nächsten Gabelung bleiben wir wieder rechts. Ein idyllischer Wiesenweg leitet uns leicht hinunter, und dann stehen wir wieder direkt am Fluss, gehen nach links und folgen dem Weg zwischen Wiesen und Sieg.

Wir halten uns immer geradeaus, bis der Pfad in eine Straße mündet, die uns an die Siegbrücke führt, die wir auf der linken Seite überqueren, um dahinter links weiterzuwandern. Wir folgen dem asphaltierten Weg durch die Siegauen, die immer wieder idyllische Ausblicke und Begegnungen mit dem Fluss bieten. Für knapp einen Kilometer, also etwa eine Viertelstunde, wandern wir entlang der Sieg, bis im spitzen Winkel ein Pfad steil scharf rechts hinauf abbiegt. Wir folgen den Wanderschildern aufwärts bis zu einer Gabelung. Dort wählen wir den rechten Weg und gehen etwa 400 Meter zurück, diesmal oberhalb der Sieg.

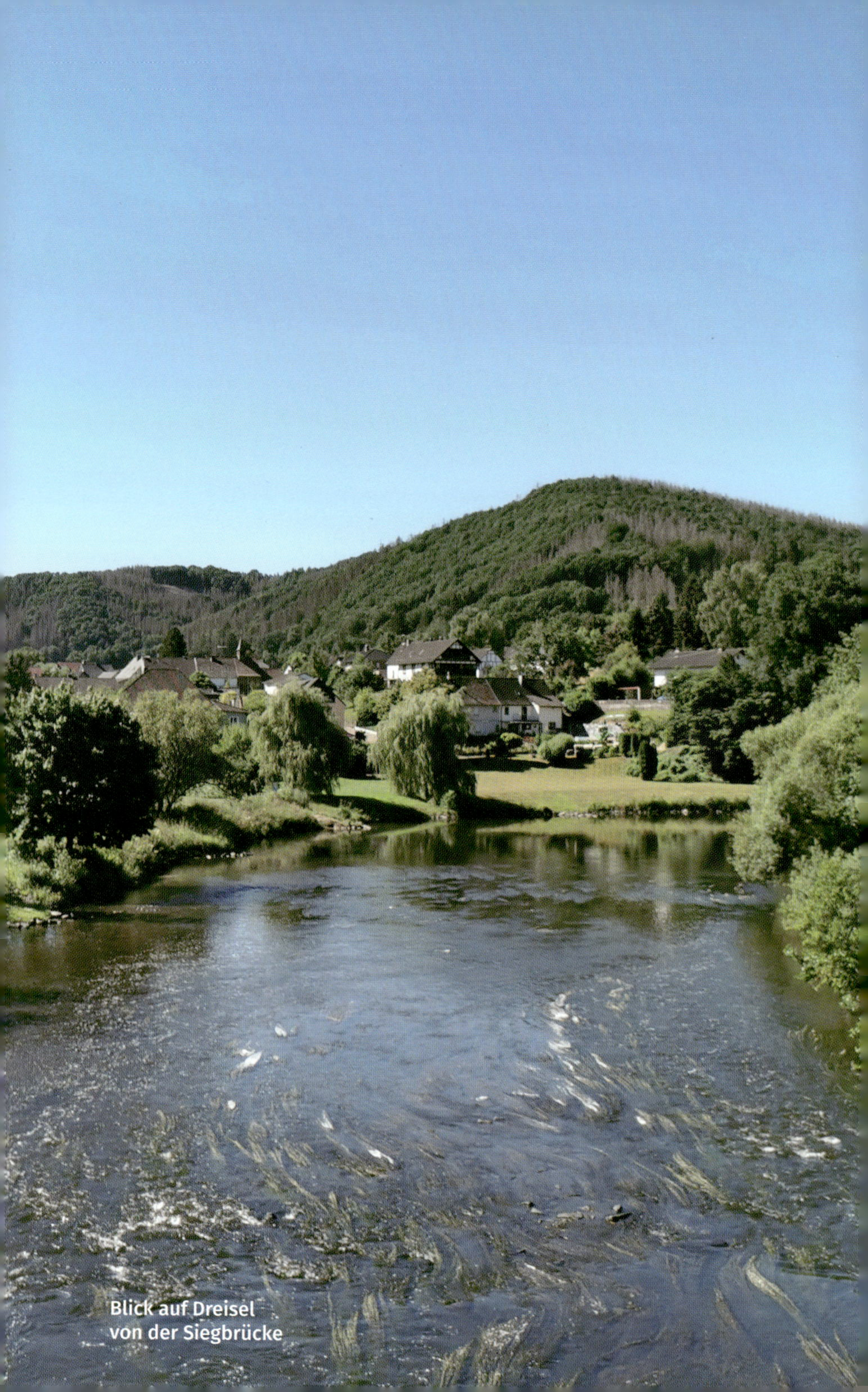

Blick auf Dreisel
von der Siegbrücke

Wo links ein Weg abzweigt, wandern wir geradeaus über eine Obstbaumwiese weiter. So gelangen wir durch einen kleinen Wald hinunter an die Straße. Diese überqueren wir und folgen dem Lindenweg am Rand von Dattenfeld. An der Straße „Am Kolbenberg" biegen wir rechts ab und schwenken dort, wo diese an den Waldrand stößt geradeaus in den Wanderweg ein. Er führt uns bergab zur Straße.
Wir folgen dieser ein kurzes Stück nach rechts und nehmen nach nur gut 40 Metern den kleinen Pfad, der links hinunterführt. Nun folgen wir wieder den roten Wanderschildern. Dieser Weg ist im Sommer sehr üppig bewachsen – wer Angst vor Zecken hat, sollte die Variante wählen.

Am Weg

Schladern und der Siegfall

Der Bau der Eisenbahnstrecke in den Jahren 1857 und 58 brachte große Veränderungen in das Örtchen Schladern und ins ganze Siegtal: Alle versprachen sich einen Aufschwung in der Hoffnung, dass die Industrie durch die Zugverbindung von Köln nach Gießen Einzug ins Tal halten würde. Dass dabei einiges an Auenlandschaft zerstört werden musste, nahm man in Kauf. Um bei Schladern den Bau von zwei Eisenbahnbrücken über die Siegschleife einzusparen, wurde der Berg durchstochen und der Lauf der Sieg begradigt. Der dadurch entstandene Höhenunterschied musste mit einem sechs Meter hohen Wasserfall ausgeglichen werden. Die Siegstaumauer ermöglichte ein Stromkraftwerk und so hatte nicht nur das Kupferwerk Elmore's genug Energie, sondern der ganze Ort Schladern, und das schon vor der Jahrhundertwende. Heute versucht man die Schäden, die damals entstanden sind, wieder auszugleichen und den Fluss und seine Auen in einen natürlichen Zustand zurückzuversetzen. Erste Erfolge zeigten sich schon in den 1990er-Jahren, als Lachse und andere Wanderfischarten über den Rhein wieder in die Sieg zurückkehrten.

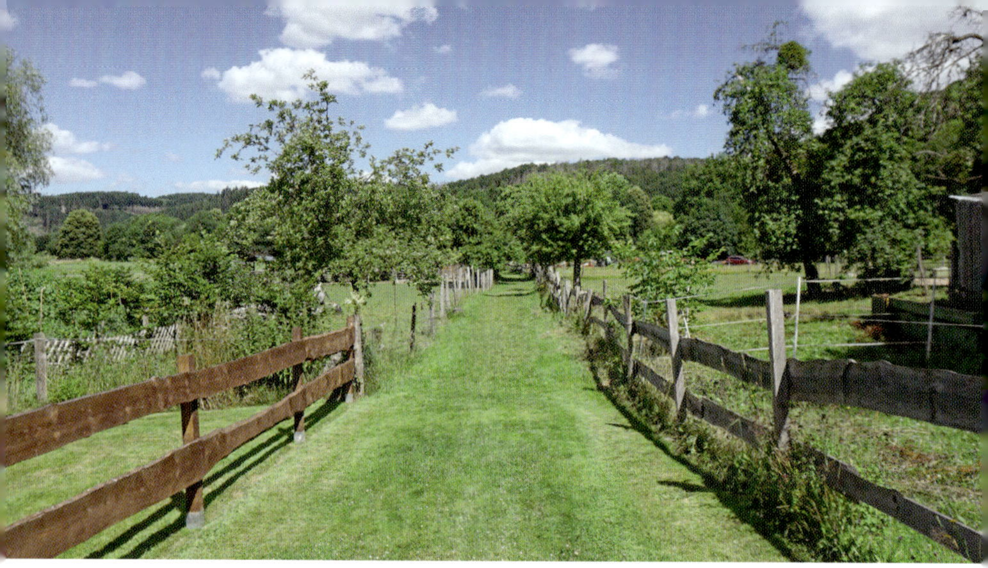

Zwischen Obstgärten wandern wir nach Altwindeck.

Variante: Wer auf der Schlossstraße bleiben möchte, lässt sich von ihr bis zur Brücke über die Gleise führen und biegt dahinter links ab, dem Schild zum Museumsdorf in die „Burgwiese" folgend.
Dort, wo der schmale Pfad breiter wird, führt er uns als Wiesenweg links an der Bahnlinie entlang. Bei der nächsten Möglichkeit lassen wir uns von der Straße „Im Dall" nach rechts über die Gleise führen. An der Marienkapelle wenden wir uns nach rechts, um dann rasch wieder nach links abzubiegen. Zwischen zwei Häusern hindurch folgen wir dem kleinen Pfad ein Stück durch den Wald und erreichen eine Forststraße. Wir ignorieren zunächst die Schilder, die nach links zum Museumsdorf weisen, und erklimmen zunächst den Burgberg. Dafür bleiben wir noch für rund 50 Meter auf der Forststraße, und dort, wo links auf einem Baum die Schilder nach oben weisen, gehen wir rechts einen schmalen Pfad hinauf und folgen immer den Schildern durch den Wald. Wo diese nach rechts zeigen, erreichen wir einen kleinen Aussichtplatz, gehen dann nach links weiter und gelangen schon bald zur Burgmauer. Dieser folgen wir, bis uns einige Stufen zum Eingang der Burgruine führen.
Variante: Wer nicht zurück zum kleinen Museumsdorf und vorbei an der alten Mühle gehen möchte, kann hinter der Burg den Wanderschildern nach unten folgen und mündet dort in die hier beschriebene Hauptroute ein.

Am Weg

Burgruine Windeck

Spätestens wenn man vom Wanderweg aus den ersten Blick auf die Ruine Windeck erhascht, ist klar, dass sie einst ein mächtiges Bollwerk war, das die Region überblickte und zum Schutz der Bevölkerung und zu Repräsentationszwecken ihrer Herrscher erbaut wurde. Als „castrum novum windeke" wurde sie erstmals 1174 urkundlich erwähnt. Zu dieser Zeit sollen sich sogar zwei Burgen den Sporn geteilt haben. 1247 kam sie in den Besitz von Adolf von Berg, bewachte den südöstlichen Teil seines Territoriums und blieb einige Jahrhunderte Verwaltungssitz der Region. Schließlich wurde die Burg im Dreißigjährigen Krieg zerstört und danach nur noch als Steinbruch verwendet, um die Häuser der Umgebung zu bauen.

1852 kaufte der Landrat des Kreises Waldbröl das Areal und baute sich sein eigenes Märchenschloss neben die Ruine. Doch auch dieses Anwesen ereilte ein trauriges Schicksal: Es wurde am Ende des Zweiten Weltkriegs durch Bomben zerstört. In den 1960er-Jahren sicherte sich der Siegkreis die historische Ruine und machte sie für Besucher zugänglich. Zu sehen sind heute die äußeren Burgmauern, ein Eingangsbereich mit Brunnen, der mächtige Bergfried und eine Wand des Palas, des Hauptsaals. Beeindruckend ist die Aussicht ins idyllische Siegtal.

Zwei Audiodateien zur Burg stehen unter: www.windecker-laendchen.com/erleben/sehenswuerdigkeiten/burgruine-windeck zum Download bereit.

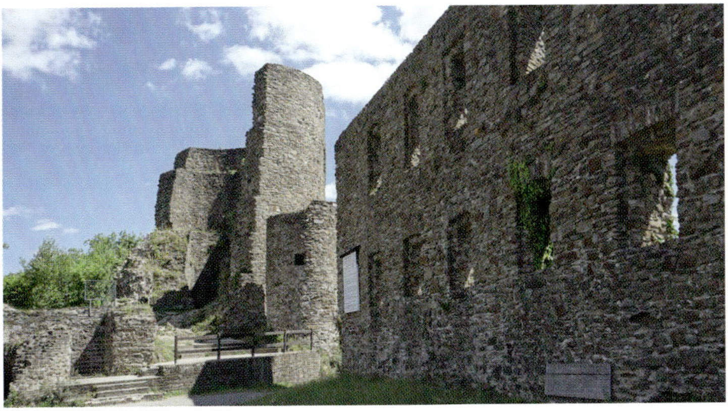

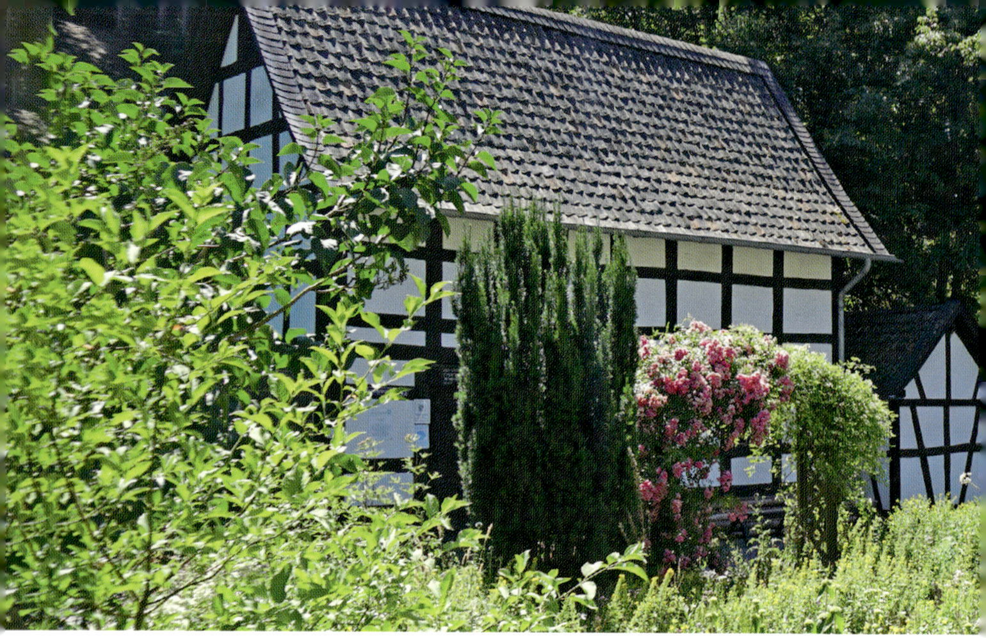

Wir gehen also denselben Weg wieder hinunter, biegen rechts zum Museumsdorf ab und dann wieder rechts auf die kleine Straße, die nicht stark befahren ist und leicht bergauf führt. Linker Hand befindet sich die historische Mühle, die zum Museum gehört. Danach geht es etwas steiler auf die Kuppe zu, dort trifft der direkte Wanderweg von der Burgruine wieder auf diese Route.
Wir wählen den rechten der beiden möglichen Wege und gehen fast

Am Weg

Museumsdorf Altwindeck

Neben einem ehemaligen Schulhaus haben sich noch mehrere Fachwerkhäuschen, ein kleiner Bauerngarten, eine Göpelmühle, die mit Menschen- oder Tierkraft betrieben wurde, und einige antike Landwirtschaftsgeräte zu einem Museum zusammengefunden. Klein, aber fein präsentiert sich dieses Dorf und zeigt das Leben und Arbeiten der Menschen in der Siegregion in früheren Zeiten.

Informationen unter: www.heimatmuseum-windeck.de

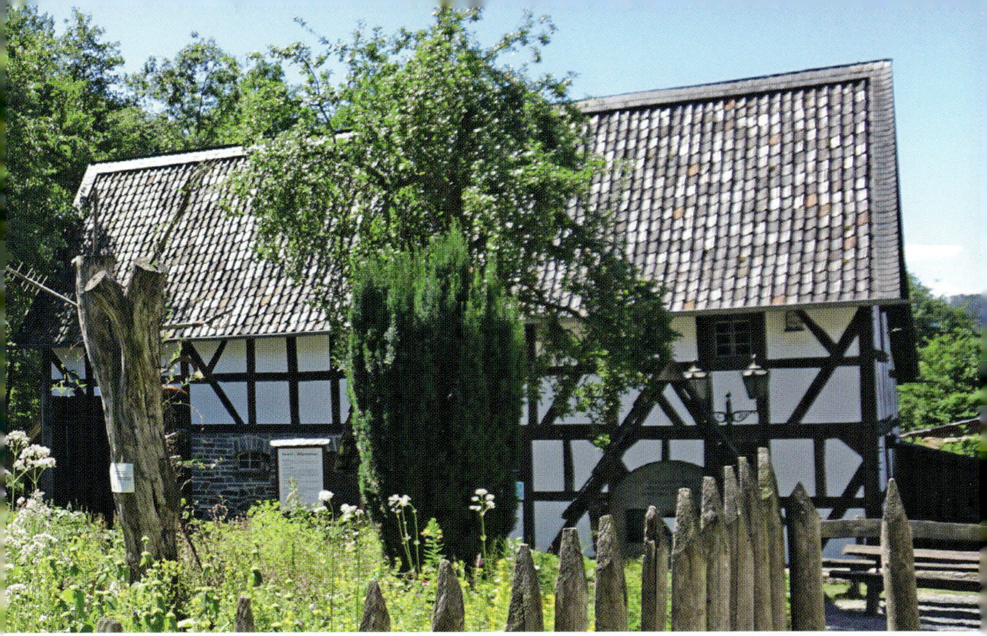

Fachwerkhäuschen im Museumsdorf

geradeaus weiter, dem Schild Bahnhof Schladern folgend auf einem schmaleren, asphaltierten Weg. Dieser führt uns durch den Wald moderat nach unten. Wenn wir an eine Straße kommen, biegen wir links in den Pfad ein, folgen dem Schild „Café zum Tiroler" und dem A 8, wandern vorbei an idyllischen Gärten und kleinen Häusern und durch den Wald auf einem Waldlehrpfad.
An einer Gabelung halten wir uns links und bleiben auf dem Waldweg. Er geht bald in einen Wiesenweg über, der uns auf die Straße leitet, die wir nach rechts hinuntergehen. „Zum Sprietchen" heißt die Straße, über die wir durch das Wohngebiet wandern, bis wir am Ende nach rechts in „Auf der Teichhardt" abknicken. Noch einmal links abgebogen liegt wieder der Bahnhof vor uns.

Gastronomie

Elmores Biergarten, Event- und Kulturlocation, Schönecker Weg 5, 51570 Windeck, Telefon 0170/4802246, www.elmores.de
KaffeeZeit am Bahnhof, Waldbrölerstraße 3, 51570 Windeck-Schladern, Telefon 02292/9284746, www.kochs-bachstube.de
Diverse in Schladern

Die verbotene Liebe von Windeck

Ihren Namen hat die mächtige Burg, die sich einst oberhalb der Siegschleife erhob, wohl von dem steilen Wind, der dort heftig ums Eck pfiff. Zumindest behaupten das die Einheimischen und sie erzählen sich eine Geschichte von einem Liebespaar, das nicht zusammenkommen durfte. Vor 200 Jahren als diese Legende entstand, war man sich noch nicht sicher, wer die mächtige Burg erbauen ließ. Es soll im 12. Jahrhundert das Geschlecht derer von Windecke gegeben haben und vom letzten Stammherrn, Graf Conrad von Windecke, erzählt diese Legende aus dem 19. Jahrhundert.

Ritter Conrad von Windecke war ein Mann, der gerne gut lebte und keinem Genuss und Leibeswohl abgeneigt war. Er führte ein Leben in Saus und Braus und liebte das Schöne. Und so liebte er auch eine seiner Töchter gar innigst, weil sie warmherzig, anmutig und ansehnlich war und zu den edelsten Jungfrauen ihrer Zeit gehörte.
Natürlich hatte Berta viele Verehrer, darunter Heinrich von Waldenfels, der oft auf Burg Windeck vorstellig wurde und das Herz der jungen Frau bald erobern konnte. Mit jedem Besuch des jungen Mannes wuchs die Unruhe des Vaters. Und als Heinrich um die Hand seiner Tochter anhielt, wies er den jungen Adeligen mit harschen Worten ab. Keiner im Schloss konnte das verstehen, denn Heinrich war ein ehren- und tugendhafter Mann und hatte sich nie etwas zu Schulden kommen lassen. Sein Vermögen war nicht groß, aber für ein gutes Leben hätte es gereicht. Und dass die beiden jungen Menschen sich liebevoll zugetan waren, das konnte sogar ein Blinder sehen. Tags darauf sandte der Vater einen Boten zum Kloster Rheindorf. Seine Schwester lebte dort und er ließ ihr die Nachricht übermitteln, dass er seine Tochter unter den Nonnen sehen wollte. Und das so schnell wie möglich!
Doch Berta hatte eine treue Zofe, und diese wiederum hatte ein Techtelmechtel mit dem Stallknecht, und dieser hatte vom Inhalt des Briefs durch den Bruder des berittenen Boten erfahren – und so erreichte schließlich die geheime Nachricht auch die junge Frau. Sofort schickte

diese wiederum einen Reiter zu ihrem Liebsten, und dieser sandte ihr ein Schreiben mit dem Inhalt: „Heute um Mitternacht an der Weggabelung unterhalb des Schlosses. Ich warte auf dich!“

Und so wurde es gemacht: Berta stahl sich aus der Burg und traf ihren Liebsten Heinrich im Mondenschein, um mit ihm zu fliehen und eine heimliche Ehe zu schließen. Doch eine der Wachen sah das Mädchen auf dem Weg hinunter und weckte sofort den Ritter Conrad. Dieser ließ in wildem Tempo sein Ross satteln und stürmte über den Burgberg in den Wald. In rasendem Galopp verfolgte er die beiden Fliehenden, die gemeinsam auf einem Pferd langsamer waren als der Vater auf seinem ungezähmten Hengst.

Da dem jungen Heinrich in seiner Not nichts anderes einfiel, gab er seinem Pferd die Sporen und lenkte es mit einem Satz in die nachtschwarzen Wasser der Sieg. Dort stürzten alle drei in den Fluss, das Pferd brach sich das Genick, und die beiden Liebenden ertranken in den kalten nächtlichen Fluten. Am Ufer stand der Vater und musste ansehen, wie seine liebste Tochter in den Tod gestürzt war. Ein elender Schrei entband sich seiner Kehle und wehte die ganze Sieg hinunter.

Im Morgengrauen wurde der Ritter am Fluss kniend von seinen Vertrauten gefunden. Sie brachten den gebrochenen Mann zu seiner Burg zurück. Um seine Tat zu rechtfertigen, erzählte er schließlich, warum er der Heirat nicht zustimmen konnte: Heinrich war sein unehelicher Sohn, zu dem er sich nie bekannt hatte. Und also waren die beiden Liebenden: Bruder und Schwester. Und anstatt die zwei in sein Geheimnis einzuweihen, hatte er beide Kinder in den Tod getrieben. Ob das die Strafe Gottes war, weil er nicht zu seinem Sohn gestanden hatte? Das fragte sich Conrad, als seine beiden Kinder am Rande der Burg ihre letzte Ruhestätte fanden. Tiefste Schuldgefühle und unbändige Trauer ließen Ritter Conrad einige Wochen später seinen Kindern ins Grab nachfolgen.

Und wer die Burgruine besucht, sollte achtgeben: Dort, wo einst das Grab der drei unglücklichen Menschen war, ist oftmals ein lautes Heulen und Jammern zu hören, das vom Wind über die Sieg ins Tal hineingetragen wird.

Tour 12

Startpunkt

Zwischenziele

Parkplatz

Haltestelle

Zielpunkt

Gastronomie

Sehenswürdigkeit

Freizeitspaß

Kulturstätte

Naturerlebnis

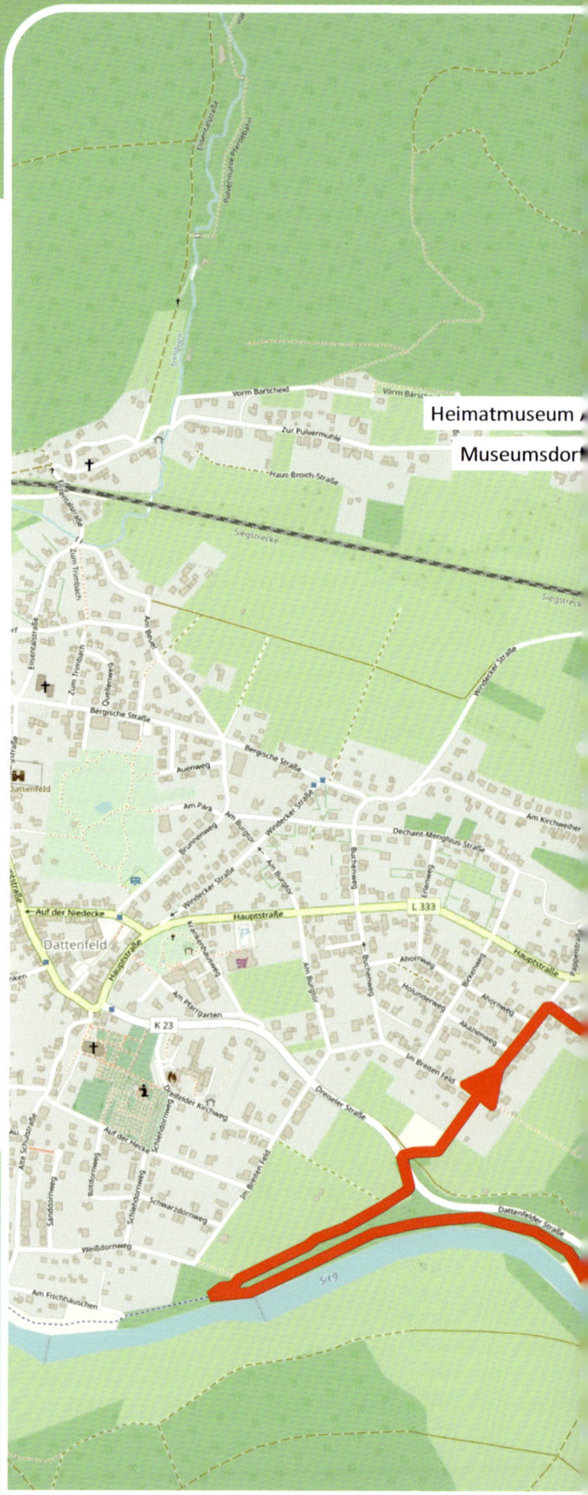

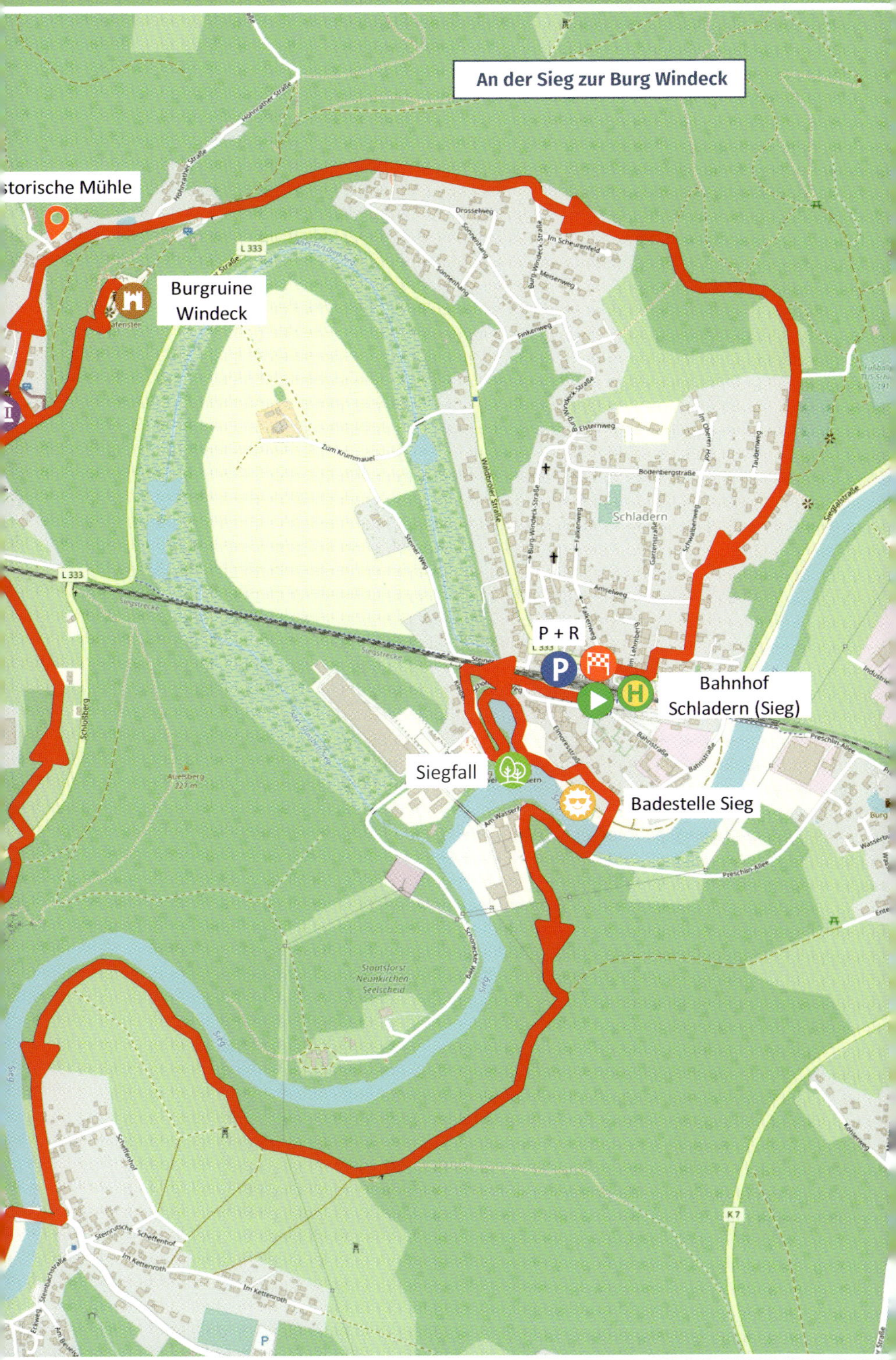
An der Sieg zur Burg Windeck
storische Mühle
Burgruine Windeck
P + R
Bahnhof Schladern (Sieg)
Siegfall
Badestelle Sieg
Schladern

Praktische Hinweise

Da die vorgestellten Wege in die Natur führen, sind sie der Witterung und damit der Veränderung ausgesetzt. Sollten Sie feststellen, dass irgendwo unüberwindbare Hindernisse entstanden sind oder dass die Wegführungen sich verändert haben, dann sind Autorinnen und Verlag für einen Hinweis sehr dankbar.
Bitte beachten Sie, dass es sich bei diesen Zeitangaben um die reine Gehzeit handelt: Auf vielen dieser Touren ist am Wegrand so viel zu sehen und zu entdecken, dass Sie auf jeden Fall zusätzliche Zeit einplanen sollten. Und übrigens gilt generell: Wandern geschieht immer auf eigene Gefahr.
Alle Strecken in diesem Wanderführer sind unter normalen Umständen ungefährlich und leicht zu gehen. Sie eignen sich hervorragend für Ausflüge im ganzen Jahr – egal bei welchem Wetter.

Die GPX-Daten zu den Touren finden Sie unter
http://www.klartext-verlag.de/gpx-daten